多位精益专家、畅销书作者推荐本书

"价值流图常常被误解或未被充分利用。在战略上，它就像罗塞塔（Rosetta）石碑，帮助整合分立的组织孤岛，并充当整个企业激励和优化变革的催化剂。卡伦和迈克创作了一本极好的指南，大家快来阅读、实践、分享和教学使用吧！"

—— 《经营、成长、变革》一书的作者，Steve Bell

"《价值流图》是一本必读书，也是一本读完立刻就应该付诸实践的书。它提供了直截了当地构建精益供应链的方法。"

—— 施耐德电气生产系统副总裁，Ed Brekke

"价值流图是精益工具包中最重要的工具之一。如果使用得当，特别是在非制造环境下，它可以为更为广泛的精益转型提供基础。马丁和奥斯特林为价值流图创作了新"圣经"，它是在一切行业改进价值流图的必备图书。正如他们所说，一旦精细化到基本构成，所有事物可控。"

—— Wiremold 公司前 CEO，《精益转型》一书的作者，Art Byrne

"在《价值流图》一书中，卡伦和迈克不仅提供了一本伟大的价值流转型指南，还展示了采取全局观审视组织文化和对客户价值的承诺的好处。对于无论新手还是专家，每一页都有可供学习的地方。"

—— Availity 公司首席营收官、资深副总裁，Jeff Chester

"办公室里的每个人看起来都一样——坐在小隔间看着显示屏。价值流图有助于一个团队真正认识工作，并合力进行改进。这本书用很好的例证精彩地描述了绘制价值流图的步骤，你可以开始行动了！"

—— 《真实数字》一书的作者，Jean Cunningham

"马丁和奥斯特林描述了绘制价值流图对于任何组织的必要性，以及为了获得战略转型成功而绘制价值流图的步骤。他们完成了一项难以置信的工作，解释了绘制价值流图的内容、原因和做法，以及如何避开陷阱。遵循本书的指导原则，你的业绩将会大幅度提升。"

—— 华美银行高级副总裁，Raju Deshpande

"《价值流图》是一本智慧而又实用的指南，它能引领你所在组织的转型任务。一些人认为价值流图只是一种精益工具，而马丁和奥斯特林却正确地强调了，全局审视以及从供应商到客户所有环节整体价值流改进的战略价值。在这本书中，诀窍俯拾皆是，范例也随处可见，这些有助于读者避免错误，使投入到恰当价值流图中的时间产生最大化的收益。"

—— 《精益医院》一书的作者，Mark Graban

"价值流图不仅帮助许多组织明白了应该如何去观察，还帮助改进和增加了他们创造并提供给客户的价值。但是，在企业和行业之间，对于怎样在信息密集型企业里完成价值流图却有着巨大分歧。马丁和奥斯特林挥洒自如地发表了解决这一分歧的原则、实践和工具。他们还用自己广泛的实践经验帮助理解、精确化和广泛地变革价值流，从而使企业范围内的客户利益最大化。"

—— 《精益成本管理》一书作者，"精益前沿"总裁和创始人，Jim Huntzinger

"几十年来，人们把价值流图看作精益转型的核心工具，但仍然有所混清。卡伦和迈克把价值流图放在适当的视角下，看作是一个高执行力团队发现浪费、共享未来状态愿景、建立有意义活动的方法论。这些活动将会被员工带着激情和目标加以开展。"

——《丰田模式》一书的作者，Jeffery Liker

"价值流图是真正能够掌控你供应链上发生的一切的真正最佳工具。它能够使你聚焦为了利益最大化而实施的改善活动。通过设置基本要素，把组织的各个层面联系起来，使用价值流图分析来满足密集、持续改善的需求。这一点上，还没有人比马丁和奥斯特林做得更好。本书是价值流领域最好的书之一。买这本书，用它教学，使用它，你的供应链就会成为最具竞争力的武器！"

——泰勒梅 - 阿迪达斯高尔夫球公司美国运营副总裁，Kevin Limbach

"马丁和奥斯特林写了一本很棒的书！它告诉你怎样绘制价值流图，怎样做是正确的。采纳他们的建议，你的组织会发生深远而剧烈的变化。这些变化能使你更好地服务顾客，创造出空前的利润和敏捷性。"

——《实用精益会计》一书的作者，Brian Maskell

"在前人著作的基础上，《价值流图》一书实现了超越。它认为价值流图不仅仅是一种工具，有效地描述了领导力实践所需要的价值流的识别、改进和管控。特别是，书中探讨了常被视为难点或被忽视的持续改善问题。卡伦和迈克描写了适当的领导力体系是怎样使持续改善变得惊人地容易。广泛的案例使本书对每一个行业或者每一项职能都深具价值。"

——特种硅脂公司前总裁，《趋向卓越》一书作者，Kevin Meyer

"一些怪才为了深入开展组织干预和转型，以价值流图为工具，将制造运营重构和重置为一个过程，这是价值流图进化的起源。卡伦·马丁和迈克·奥斯特林用《价值流图》这本书，为致力于跨组织的水平价值流改建这一挑战性工作的从业人员提供了卓越的指南。"

——《学习观察》一书的合著作者，精益实业研究院董事长兼 CEO，John Shook

"这本书不仅仅是价值流图领域的基础读物，马丁和奥斯特林还反复探究了能确保成功产出的关键前置条件，以及如何利用价值流图使领导层更好地达成一致。这些闪烁着智慧与洞察力的真知灼见来源于他们长年累月地在大范围的组织、公司及机构中实施和部署精益的实践。"

——HM 电子公司制造部副总裁，Rick Sunamoto

"复杂的旅程，须从地图开始。卡伦和迈克用清晰的写作风格，强有力的典型实例，充分实践了这句话。他们提供了所有组织改进规划和绩效所需的工具。这本书是对领导力"军械库"的重要补给。"

——复临健康组织佛罗里达医院卢西亚佛莱格勒市场部总裁兼 CEO，Darryl Tol

"价值流图是智能组织手中强有力的工具。马丁和奥斯特林的这本书是一本实践指南。它将指引你贯通为顾客创造价值的重要步骤。无论是从事健康保障还是其他服务行业，价值流图都能像改进我的组织一样，改进你的组织。"

——复临健康组织成员、塔科马地区医院院长兼 CEO，Daniel Wolcott

"卡伦·马丁和迈克·奥斯特林又出力作！《价值流图》为办公室中的领导者和精益实践者提供了他们急需的明晰且可以按就班操作的指南。他们提供了经验和相关实践，使这本书将会被频繁翻阅和引用，适合作为企业绘制价值流图的指导书。"

——LEANwRIHGT 公司总裁，DJO 环球公司精益和企业卓越前高级副总裁，Jerry Wright

转型升级·管理力丛书

Value Stream Mapping：
How to Visualize Work and Align Leadership for
Organizational Transformation

价值流图：
工作可视化和领导力匹配

［美］卡伦·马丁（Karen Martin）

［美］迈克·奥斯特林（Mike Osterling） 著

曹 岩 师新民 高宝萍 魏 羽 张军锋 杨丽娜 等译

机械工业出版社

绘制、分析价值流图，观察出浪费，实施改善，是企业制胜之道！

价值流图是精益工具包中最重要的工具之一，是真正能够捕捉供应链上发生的一切的有效工具。本书是马丁和奥斯特林关于价值流图的权威著作，是各行各业，特别是制造业改善价值流的必备书，提供了构建少浪费的精益供应链的方法。本书包括正文6章和附录6个。

本书适合各类型企业管理人员，高校管理工程、工业工程专业师生阅读、使用。

谨以本书献给我的妻子戴安妮、我的儿子瑞安和肖恩，感谢他们在本书写作过程中做出的牺牲和支持。没有他们的鼓励和耐心，这项任务是无法完成的。

——迈克

谨以本书献给詹娜·马丁，一位天生的精益思考者，才华横溢的人。

我一直在向这位能激发人灵感又热心助人的年轻女士学习，对此深表谢意。

——卡伦

译者序

　　价值流图是精益工具包中最重要的工具之一，是真正能够捕捉供应链上发生的一切的有效工具，可以为更为宽泛的精益转型提供基础，能够为了使利益最大化，识别出可实施的有效的改善活动。

　　本书是马丁和奥斯特林关于价值流图的权威著作，是所有产业提高价值流的必备书，描述了价值流对于任何组织的必要性，以及为了获得战略转型而如何使用价值流图这一方法。正如他们所说，一旦精细化到基本构成，所有事物可控。

　　同时，本书也是一本智慧而又实用的指南，能引领每一个组织的转型努力。本书中关于价值流图绘制的技巧和范例非常丰富，有助于读者在实践中避免错误，提高效益。

　　本书紧紧围绕价值流图的实践内容，包括正文 6 章和附录 6 个。

　　本书适合高校管理工程、工业工程专业师生，以及各类型企业各级管理人员使用。无论对于初学者还是专家，本书都可提供借鉴参考。

　　全书译文由曹岩、师新民统筹与审稿，张军锋负责文前部分及第 1、2 章的翻译，高宝萍负责第 3、4 章的翻译，魏羽负责第 5、6 章及附录 A 的翻译，杨丽娜负责附录 B、C、D、E、F 的翻译，黄亮、王永明参与了部分章节的翻译工作。

　　由于时间及译者水平所限，错误之处在所难免，希望读者不吝指教，译者在此表示衷心的感谢。

译　者

致 谢

我们决定写这本书的过程颇费周折，多年以来屡有反复，个中情形罕有人知。我们感觉到，价值流图之船已然起航。越是和来自广泛产业领域的改进专家和领导者们深入沟通，了解他们在臻于卓越运营进程中所面对过的种种挣扎，就越能意识到，市场上的管理类书籍尚有空白可以填补。

真正促使我们写成此书，分享我们关于价值流图的观点的，是业界同仁、以往图书的读者，网络研讨、网络培训的参加者们，社交媒体的联系人和我们自己的客户，是他们的反复要求促成的。许许多多听说过或者试用过价值流图的人，希望在这一领域获得比现有知识更深刻的理解。因此，我们的第一波感谢（没错，我们的确有几大波感谢要送出）要献给所有那些鞭策我们写作本书，在和善地接受了我们不愿动笔的原因后，又一次鞭策我们写出来的人们。没有你们的鼓励和坚持，这本书可能不会面世。

我们的第二波感谢要给予 Dan Jones、Beau Keyte、John Krafcik、Jeff Liker、Drew Locher、Daniel Roos、Mike Rother、John Shook，以及 Jim Womack。以上各位先生都是世界范围内业务与产业转型领域的开拓者。他们的贡献良多，没有他们的渊博知识和思想引领，我们也许还在纠结怎样帮组织设计有效可行的运作方式，如何更深入地联系其顾客，学着去观察他们的真实业绩，简化组织转型和升级的过程。没有他们的伟大思想和洞察力，我们既不会拥有客户经验，也不会拥有尝试写这本书所需的知识。

同样要感谢杰出的 iGrafx 团队——特别是 Kim Scott 和 Gretchen Burthey——他们慷慨大方地贡献出自己的时间、专业知识以及开发技巧，找到了一种既适

V

合纸媒又适合电子出版的描述价值流图的最佳方法。你们的反应能力和耐心犹如天赐。

还要衷心感谢百忙之中抽空读了书稿并给出建设性反馈意见并不吝溢美之辞的朋友和同事们：Steve Bell、Ed Brekke、Art Byrne、Jeff Chester、Jean Cunningham、Raju Deshpande、Mark Graban、Jim Huntzinger、Jeff Liker、Kevin Limbach、Brian Maskell、Kevin Meyer、John Shook、Rick Sunamoto、Daryl Tol、Daniel Wolcott，以及 Jerry Wright。特别要感谢 Ed Gwozda，他慷慨地花时间读了两遍书稿，提出了恰当的反馈意见。

下一波感谢属于一流团队 McGraw-Hill 和他们的大家庭，是他们一起把出版做成了远比我们从其他作者那里听来的更让人舒心的过程。他们是：Knox Huston、Courtney Fischer、Jane Palmieri、Maureen Harper、Mary Glenn、Scott Rattray，还要感谢 Alison Shurtz 和 Kristen Eberhard，他们对细节的把控深深地打动了我们。

最后，要深深地感谢出版家 John Willig，感谢他坚定不移的支持和言出必行的杰出执行力。"一往无前，Willig 先生！"

前　言

　　我们把价值流思想看作促成商业成功的基本思维模式。没有价值流思想，一个组织就无法开发出以客户为中心的流程，无法按照最能满足其存在价值的方式组织起来。

　　价值流图是学习观察和解决完成工作过程中的不连续、过量和缺陷的实用高效方法。它不仅仅是一个工具，它是以团队为基础的方法体系。我们相信，这一方法体系是可靠的管理实践的基础。按照我们的经验，未在理解和改进其运作过程中使用价值流图的组织，与卓越的业绩表现定会相距甚远。我们相信，价值流图正是企业管理中缺失的联结环节，有效地应用价值流图，能解决许多业务难题。我们知道强调单个方法论是个大胆的声明，且要求过高，但我们鼓励你在读完本书的最后一页前，搁置怀疑，权且按照价值流图本来的目的去试着应用它。

　　1999 年，满是创意的书《学习观察》出版，它改变了许多人关于整个企业的工作流动情况的看法，或者一般来讲，根本就没有流动起来。两位作者 Mike Rother 和 John Shook 改变了运营设计的进程，也许达到了他们自己也未预计到的某种程度。价值流图用整体的和可视化的描述方式促进对工作完成的深入理解，并设计出改进的未来状态图。Rother 和 Shook 给我们推介了一个更加强有力的流程评估框架，比以前的改进方法论更强大。因此，数不尽的组织改变了在制造过程中向客户交付价值、评估自身绩效，以及设计作业以使绩效最大化的方法。

　　2004 年，Beau Keyte 和 Drew Locher 开创先河地写出第一本书，探讨如何利用价值流图在制造业的管理领域获得改进。《完全精益企业》这本书，不仅涵盖了分析、设计和管理信息密集型场景中需要考虑的细节问题，也介绍了我们在办公、服务和知识工作环境中的分析过程所需的最为有力的评估指标：完成并准确率（%C&A）。作为一本在把价值流图应用于办公环境中的开创性著作，这本书聚焦于制造业领域的办公环境。

2004年以来，致力于改进的人们走过了漫长的道路。得益于围绕丰田范例的持续研究和不断增长的研究工作，我们关于精益管理实践的共同理解已经取得了深化。各行业的组织现在都在采用精益原则进行实践，并应用精益工具支持这些实践。我们写成本书，主要针对的是信息密集型办公、服务、知识工作环境——通信、基建、教育、能源、娱乐、财经服务、食品服务、政府管理、医疗健康、情报收集、法律及执行、军事、公益、出版、房地产、研究开发、零售、社会服务、技术、交通、旅游观光部门——以及希望改变其办公领域运转来更好地支持针对客户的价值交付的制造商。我们着眼于组织中最常见的三种主要管理断点。

1. 许多组织仍然不了解，价值流图是一套方法体系，是精益企业管理的基础，是打造杰出组织的手段。因此，他们在获得可评估的改进和引入"以客户为中心"思维方面，属于落后分子。

2. 那些采用了价值流图的组织中，很多并未充分利用这一方法体系，因为他们对应用这一方法的原因、内容和用法，并不完全理解，特别是在办公、服务和知识工作环境中。例如，未考虑到领导力，未使用功能交叉的团队，未包括相关指标等，常常会导致废弃不用的低标准未来状态预期。

3. 许多组织对价值流图的使用有所偏误，因此并不能获得此方法能实现的全部收益。例如，把价值流图用于策划某一流程层面的东西，结果错过了价值流图绘制的整体意义：价值流图是从宏观层面上看待工作系统，以期创造全组织的一致性。

我们希望，读者从本书开始，把价值流图作为管理自己业务的一种方法。或者，对于有价值流图使用经验的组织，用本书作为参照，来了解价值流图绘制工作能怎样提高效率。业务上难以解决的问题太多，难以抓住的机会也太多，如果没有一套高效地完成重要工作的方法，将难以为继。

本书相关说明：

1. 虽然我们特别提到本书的内容是关于办公、服务和知识工作环境中的价值流图绘制，但本书的很多内容也可应用于制造过程的生产价值流。我们涵盖了谁应该绘（价值流）图，怎样计划和实施价值流图绘制，绘图后需要采取哪些步骤，制造过程的价值流也能从这些事项中获益。

2. 本书聚焦于价值流图的益处，如何计划和实施价值流图绘制活动，以及如何进行价值流管理来维持收益并驱动不间断地改善。至于解决可能存在的具体价值流问题和机会把握，则不在本书的讨论范围。虽然我们会提到潜在工具和措施，却没有对之进行细节展开。几乎每个类型的精益工具都有大量书籍可供参考，价值流图的实践者需要精通全部潜在措施的应用。

3. 写书是一个挑战，每个读者都认为它会满足他或她的特定需求。通常情况下，人们很难将概念应用到自己的环境中，从而过于关注具体的例子，而不是关注概念本身。当我们开始写这本书的时候，我们计划在书中涵盖各个行业和场景的价值流图，来举例说明进行价值流图绘制的多种要素。相反地，在本书写作过程中，我们决定讲授可用于一切环境的通用价值流图的一步步创建的过程。我们做出这样的决定以确保最高的学习水平，并尽可能少分散读者的注意力，因为有些读者难以看出概念上的相似性，例如，患者流动和软件开发之间，或者诉讼和业务结构设计之间。我们在整本书中使用通用价值流图来说明创建价值流图的渐进过程。

我们认识到了整合实际（已去除杂项的）价值流图的好处，所以把五套按照行业分门别类的价值流图附后，见附录 B~F。这些附录会使读者不仅能够明白如何用价值流图来描述工作和信息，而且能够明白实际价值流图常有的复杂程度差异。每一个附录都包括当前状态和未来状态价值流图，还包括一个图表来表示当前状态的简要指标和未来状态设计的预测指标。

这些例子展示了三种类型的价值流图（全价值流、支持价值流、价值流片段），并举例说明了不同环境下价值流图的相似及差异。我们作者两个人，实施了以团队为基础的价值流图绘制活动（或者说建议了那些创建价值流图的活动）。我们相信，这五个例子为在你的环境下如何设想和完成价值流图提供了坚实的基础。

本书虽然包括了每一张价值流图的解释，我们却把细节限定在与理解"大图"（组织全价值流）最为相关的内容上。目的是突出我们所认为的最紧要的学习重点。我们开展的每一个价值流图绘制活动都提供了足够的素材，可用于详细的案例研究，但这并不是附录内容的目的。

4. 为了清晰、方便和易于出版，我们用 iGrafx Flowcharter 软件为本书中的价值流图制作了电子版本。请勿误解，不是说所有价值流图都一定要有电子版本。相反地，我们最初都是先在纸上绘制价值流图再贴到墙上的，建议你也这样做。即便如此，把手工制作的价值流图数字化，会为分享、保存和修正提供更多方便。如果你的价值流图相当简单，通过照相来创建电子版本进行分享和存储就足够了。但如果价值流图比照片所能抓取的更加复杂，或者说你更愿意对评估改进的关键的简要指标进行自动运算，那么软件便是你的好帮手。可选的价值流图电子文件编制软件有很多种，我们推荐 iGrafx。

本书提供了我们发现的深化成果和加速改进的一系列指导方针（而非固定规则）。这些指导方针中的一些与实际价值流图绘制惯例相关，另一些则与领导参与度、事件顺序、绘制过程和未来状态设计的部署有关。和其他方法体系一样，你也许需要用我们的视角去适配自己的环境。就是说，请确保在应用中，你有合理原因，不拒绝新想法和行为。这样，你就能收获价值流图提供的最大收益。

　　最后要说明一下，这也是一个注意事项：请记住，虽然工具为绩效改进所必需，但仅有工具是不够的。不要把价值流图仅仅看作一个减少运作浪费的工具，价值流图作为一种方法体系，更广泛的应用是改变领导思维、定义战略和优先顺序，保证客户获得更高水平的价值（而不仅仅是减少运作浪费），这些才是价值流图的闪光点。

　　要学的东西很多，让我们一起努力钻研！

目　录

第 1 章

价值流管理

在绝大多数组织中，没有人能够说清把客户需求转化为物品或者服务所需要的整整一系列事件——至少，没法从组织表现的细节层面上说清楚。这种理解上的缺失属于一类问题，这类问题会导致在一个功能领域内取得的改进却在其他领域内引发了新的问题。这类问题会增加运作流程从而导致运营开支增加，但却无法真正解决上游带有根本原因的问题。这类问题还会驱使具有良好意愿的组织采取昂贵的技术"解决方案"，这些方案对解决真正的问题或提升客户体验收效甚微。

缺乏对工作如何在一个工作系统中流动的理解，或者更常见的是不流动，而这一工作系统的唯一目的是为客户提供价值。对流动不理解或不流动这个根本问题会导致业绩不佳，业务决策差，工作环境不良。当一个组织在对该组织中的各种单位如何相互协作，价值如何被交付给客户没有清晰的认识的情况下试图运营时，以下结果就自然是普遍现象了：优先顺序冲突，部门之间关系紧张，甚至在最坏的情况下，领导团队内部争执不休。当组织试图在没有明确定义的、面向外部的改善策略（以客户为中心）的情况下进行改善时，会造成大量的时间和金钱浪费。现在，让我们一起深入探讨价值流和价值流图的理念吧。

什么是价值流？

"价值流"一词始见于 James Womack、Daniel Jones 和 Daniel Roos 1990 年出版的一本叫作《改变世界的机器》的书。正是这本书开了精益运动的先河。而 James Womack 和 Daniel Jones 1996 年出版的《精益思想》则令该词更加广为人知。价值流指的是一个组织为了实现客户需求所采取的一系列活动。更广泛地说，价值流是指为了给客户设计、生产和交付一个物品或一项服务所必需的一系列活动，包括物质流和信息流两个层面。绝大多数价值流是各种功能交叉的：把客户需求转化为物品或服务，需要经过组织中很多职能部门或工作团队的工作流程。

扩展了的价值流包括那些客户订货前的活动（如回应询价要求、确定市场需求、开发新产品等），或者物品或服务交付给客户后发生的活动（如记账、处理付款，或者提交合规报告。）

许多价值流活动按顺序发生，也有一些会和其他工作同步（并行）进行。一个价值流中的活动不仅仅是指那些由该组织自行进行的活动，外部所做的工作、甚至客户，都是价值流的一部分。

价值流有很多形式。外部客户询价并得到商品或服务交付，这一过程中的价值流是最主要的价值流类型。另一种价值流为价值交付提供支持，我们一般称其为"价值使能"或者"支持价值流"。支持价值流的例子包括招聘、雇用和入职培训，IT 支持，年度预算处理，销售周期。复杂的创新工作可以被视作有自己的价值流——从最初概念到可执行设计或者到产品发布。如果某项产品设计是为了完成客户的具体订单，该设计可以被视作价值流片段。

许多价值流可以向两个方向不断延伸。例如，价值流可以包括从客户挑选建筑师的时刻开始直到图样交付承包商的所有活动，或者到建筑规划完成时，再或者到框架建起来后经过最终验收，还可以延伸到该项建筑工程完税的所有活动。产品生命周期是一个包含了规格说明、设计、供应链、制造、委托、运营和最终的停用、处置的价值流。一个完整的病患护理价值流可能会包括预约安排、登记挂号、诊断、治疗和后续护理，也许还会包括收款。在第 2 章你会了解到，进行价值流图绘制之前，先要准备的其中一步是限定范围——打下“篱笆桩”，即观察的起点和终点。在很大程度上，这取决于你需要面对的问题或者你希望实现的业绩提升。

　　那么一个组织有多少个价值流呢？这点并不固定。小型组织可能只有一个面向客户的价值流和许多内部支持价值流。大型组织可以拥有 5 个、10 个甚至数十个面向客户的价值流和数百个支持价值流。哪里有用户要求和可交付标的，哪里就有价值流。

　　确定组织有多少价值流的一个途径，是查看组织收到的内部和外部客户要求的类型，以及每个要求经过的高层级流程中的变量的数量[⊖]。经过相似流程序列的要求属于一个单一的“产品系列”。为了从观察中获得最大收益，并根据价值流来组织业务，最终你会想要分析和改善每个产品系列的价值流。迄今为止，我们发现的最佳方法是价值流图，一种帮助把复杂工作系统可视化的工具，以便解决工作完成过程中会有的不连续、过量和缺陷。价值流图远不止一个设计工具：它是迄今为止我们看到的最强大的组织转型工具。一旦学会了如何用价值流术语进行思考，人们将很难再以任何其他方式来看待工作。

⊖　注意：价值流是组织承诺履行客户要求的一系列流程和活动，职能部门（如营销、财务、社会关系、信息技术）和预期成果（如安全、高质量、遵纪守法、员工参与和改善沟通）不属于价值流。价值流通常跨职能部门，并根据客户要求或定期规划的需求（如定期维护或年度财务审计）生成特定交付品。

什么是价值流图？

价值流图的根源可以追溯到丰田汽车公司采用的称为"物料和信息流"的视觉绘图技术。随着西方对丰田坚持不懈的记录大感兴趣，并开始研究丰田的方法与其自己的不同之处，我们了解到，丰田聚焦于了解整个组织中的物质和信息流动，这对其持续的、高水平的执行能力贡献良多。

因此，绘图分析这些类型的价值流成为精益转型活动过程中采用的标志性方法之一。但是，价值流图尚未被清楚地理解也未能在各业界得到有效利用。要理解为什么，先来稍微了解下其历史。

"精益"这个词的意思因人而异，这是公司、政府机构和非营利组织在探索和采用精益活动时取得如此广泛成果的原因之一。当你看到西方引入精益的历史以及我们对这种管理方法的全面理解程度时，你就会明白为什么精益的定义迄今仍让人困惑。

"精益"（Lean）这个词是由 John Krafcik 在 1988 年的一篇文章中提出的，这篇文章基于他在麻省理工斯隆管理学院的硕士论文。接着，这个词因《改变世界的机器》和《精益思想》两本书而普及开来。《精益思想》总结了 Womack 和 Jones 学习丰田如何运作时的发现。丰田方法由大野耐一领衔创立，新乡重夫编成体系，它深受 W. Edwards Deming、Joseph Juran、Henry Ford 和美国食品杂货店运营的影响。精益思想把丰田的哲学和运作偏好框定为五个关键的原则——价值观、价值流、流动、拉动和尽善尽美——并开启了一个时代，成千上万的公司试图模仿丰田的运作方式。丰田生产系统（TPS）或精益（相当于 TPS），以及其新迭代的丰田工作方法（TBP），已经成为顾问、作者和改善方面的专业人员的宠儿。

虽然精益思想为理解与实际价值交付相关的基本概念提供了强大的基础，

但在精益领域内，几个最紧迫的话题——领导力实践、文化、问题的解决和指导——并没有得到明晰的处理。这不是对 Womack 和 Jones 的变革性工作的批评，他们显然处于这场管理思想革命的前沿。但是，20 年过去了，我们现在可以回顾过去，看看精益的学者、顾问和实践者们在这段时间里，对于那些为丰田的成功做出了巨大贡献的哲学基础和管理实践，究竟有多少了解。随着越来越多的人和组织研究并调整了丰田的方法，新的发现浮出水面。

2004 年，Jeffrey Liker 出版了《丰田模式》一书，这是对丰田在其企业哲学、流程、人员和问题解决方面的运作方式上的第一次全面调查。虽然这一关键工作包括对运作设计的机械解释，但 Liker 的社会学背景促使他更深入地挖掘了文化和领导力方面的因素。Liker 将他的发现整理为 14 项管理原则，这些原则抓住了丰田组织和工作方法的精髓。

然而，即使对这些表现卓越的基础要素放眼观察，很多人还是难以看出让丰田达到高水平绩效的核心理念和行为，这些理念使得丰田在形势良好时繁荣兴旺，在遇到困难时迅速调整。也许我们西方人的头脑无法掌握大多数人从未亲身经历过的管理方法，或者我们自然地倾向于机械的解决方案，因为它们是具体的，毕竟，与人打交道既复杂又混乱。部分原因可能在于这些顾问——即使是后来的精益文献中充满了关于领导力、解决问题和日常改善在转型中的角色的内容——始终专注于以工具为基础的"实施"，抑或专注于以人为基础的转型。不管是什么原因，对很多人来说，他们对工具的迷恋还在继续。

价值流图也被视为一种工具而被欣然接受。作者 Mike Rother 和 John Shook 研究了丰田的"物料和信息流动图分析"，并在 1999 年出版的里程碑式的著作《学习观察》中，将该方法重新改写为"价值流图"。这本书汇集了 Rother 的研究结果和 Shook 在丰田领导岗位上的 10 年经验，让我们第一次接触了 Womack 等人所定义的价值流。在几乎每一个行业里使用价值流程图来促进运作转型超过 10 多年后，我们认为这是迄今为止所看到的最有力然而却未充分利用的改善"工具"。但价值流图背后的力量在于一个鲜为人知的事实：它远不止是一个工具。

首先，价值流图提供了对整个系统的工作流程的整体视图，它与流程图有几个重要的区别。首先，价值流图提供了一个有效的方法来为改善工作确定一个战略方向 。在整个工作系统——宏观图示——被完全理解的情况下，设计微观层级的改善，是促成局部优化的关键因素⊖。如图 1.1 所示，工作具有不同的粒度级别。宏观视角的价值流图，为领导层提供了对工作流设定战略性改善的方法，而流程层级的绘图则使那些做这项工作的人可以设计战术性改善。在下一章中，你将了解到，这种差异标志着，许多组织比他们想象的更需要高级别的价值流图绘制团队⊖。

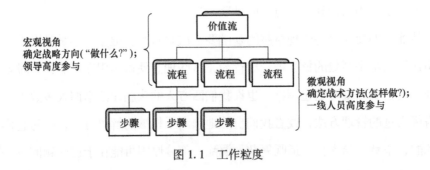

图 1.1　工作粒度

其次，价值流图提供了一个高度可视化的全周期视图——故事板——从要求起始的工作进展情况，这一要求是如何被满足的。这个周期可以被描述为从发出要求到拿到发票，从"铃声"到"叮声"（电话机到收银机），从摇篮到

⊖　当你对系统的一个组件进行改善而忽略了这一变动对其他组件的影响时，就是局部优化。一个看似重要的改善可能会导致整个工作系统的表现更加糟糕。例如，一个部门成功地减少了它的周转时间，但是更快的输出只会给下游部门带来更长的队列和/或更大的工作量，改善可能会对整个系统的性能产生负面影响。

⊖　参见我们早期的著作，2013 年出版的《基于指标的流程图》，可以获得我们推荐的流程图绘制技术，这本书的英文版附有一个基于 excel 工具的 CD，用于记录过程和计算结果。

坟墓，或从报价到收银。一个周期视图将客户（通常是要求者和接收者）置于一个中心位置，这提供了一个强大的方法来审视整个工作系统，因为它涉及交付客户价值。如图 1.2 所示，可视化描述工作周期通常包括三个组件：信息流、工作流和一个汇总时间线。第 3 章将详细描述每个组件。

第三，价值流图绘制的过程加深了组织对交付价值的工作系统，以及对客户价值交付的支持工作系统的理解，这有助于更好的决策和工作设计。通过将复杂的系统提炼成更简单、更高层次的组件，使从高级领导者到一线的每个人都可以理解，组织创建了做出决策的共同基础。此外，在简洁地定义复杂的工作系统需要进行思维塑造时，由于是为了提供更大的价值、更快的速度、更低的成本、更安全更令人满意的工作环境才重构工作，思维塑造的过程是令人愉快的。还有一个物流方面的优势：价值流图使一个团队能够在几天内通过一个复杂的系统完全理解工作是如何流动的，而详细的流程图绘制（服务于不同的目的）可能需要数周或数月，流程图太过详细反而无助于做出有效的战略决策。

第四，价值流图绘制时的定量性质为数据驱动的战略决策提供了基础。对于整个价值流中的工作流，衡量价值流的整体效能、确定其瓶颈和进行流程分解，是推动持续改善的强大方法。这样一个组织就能够更好地满足其客户和内部运作的需求。

最后，价值流图反映的是客户体验到的工作流，这与内部关注的典型流程级别的示意图之间有区别。许多组织的结构是一系列以功能为基础的"筒仓"，与客户的交付周期几乎没有关系。如图 1.3 所示，价值流图迫使组织在跨职能的工作系统和产品系列方面进行整体考虑。这种思考方式在未来状态设计阶段的价值流图绘制中，会造成挑战，这正是进取型组织必须接受的挑战类型。价值流图迫使一个组织要么进行困难的机构变革，使其更符合跨职能的现实，要么继续否认现实，坚持过时的结构相应地保持原来执行工作的方式。

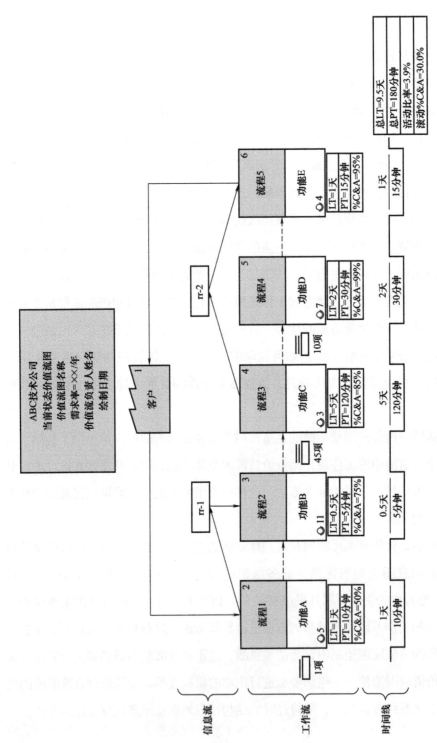

图 1.2 基本的当前状态价值流图

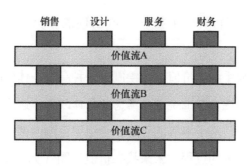

图 1.3　纵向组织结构与横向现实

绘制价值流图的益处

必须要说明的是，虽然被狭隘地看作工作流设计工具，但得到良好执行的价值流图绘制，益处也会远远超出通常认为的范围。当组织想当然地采用价值流图以达成一个特定的结果（一个改进的价值流）时，他们往往会错过那些比价值流图绘制本身更持久、更深层的巨大转型机会。转型需要一个组织的DNA 发生根本性的改变；如果做得好，价值流图可以帮助促进组织心态和行为发生必要转变。

可视化统一的工具

价值流图是改善制造生产工作流的强大工具，而当它应用于可视化工作时，从不是特别有视觉效果的工作开始，可能更强大。在大多数办公、服务、创意和知识工作环境中，大部分工作都集中在口头或电子的信息交流上。将不可见的工作可视化是了解工作如何完成的第一步，也是关键一步。

对于可视化 IT 系统和应用程序如何启用（或不启用）以向客户提供价值方面，价值流图特别有用。价值流图绘制的过程通常会显示出不连续、过量和不必要的复杂情况，以使整个组织中的每个人都能理解。通过价值流图绘制获得的发现，我们明白了技术领域出现的重大而突然的项目和预算变化。

在熟练的引导师手中，价值流图绘制是一种高度一体化的活动。它帮助人们认识到改善的必要性，并围绕正在考虑的具体改善，达成一致和共识。通过对当前状态的跨职能、基于事实的理解，全组织范围内都认识清楚了，开启了识别和接受变革的需求的过程。未来状态价值流图（如图 1.4 所示，并在第 4 章中详细描述）和由此产生的改善计划（在第 5 章中描述）也可以作为有效的领导力协调工具，以改进组织的关注点，并减少两个部门在冲突的方向上行动的风险。价值流图的视觉特性能在组织内部建立从一线到高层的对话机制从而达成共识。

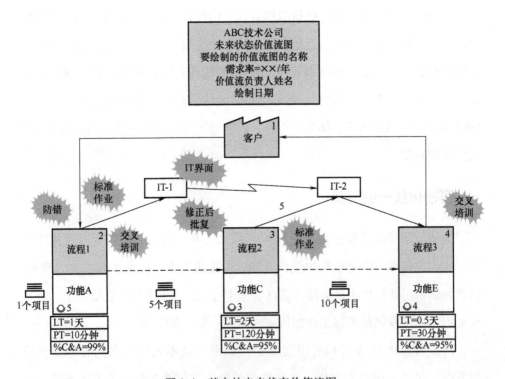

图 1.4 基本的未来状态价值流图

连接到客户

价值流图包括了该价值流中的每个功能和工作区域，从而为外部客户提供了清晰的视图。这种清晰，有助于组织从专注于内部的思考，转变为以客户为中心的思维，这是提供越来越大的价值的基础。

在服务于内部客户的价值流中，客户连接也同样重要。价值流图提供了一种非常直观的方式，可以看到内部供应商和客户之间的联系，并促进客户和供应商之间关于期望、需求和偏好的重要对话。

整体系统思维法

价值流图也提供了一种务实的途径，可以实现系统思维的各个关键模块。系统思维是 W. Edwards Deming 和 Peter Senge 开展工作的支柱方法之一。当组织看到各部门和运营过程的互联性，他们就会做出更好的决策，以更协作的方式一起工作，避免常见的局部优化和可能给企业造成极大损失的陷阱。例如，如果一所医院的护理部门没有足够的床位来让急诊室的患者可以频繁入院出院，急诊部门获得更快患者流就几乎没有什么益处。我们也没有找到更有力的方法来解决经常存在于不同功能领域之间的紧张关系，比如销售和运营、质量和生产，以及 IT 和……实际上，每个环节都有紧张关系！价值流图将一个组织的不同部分连接成一个整体，用的是一个单一的目标：为客户提供更高的价值。

就这一点而言，价值流图提供了一种有效的工具，可以用来重新思考组织是如何构建的，如何实现对于客户价值交付的功能一致性。回顾图 1.3，传统的组织结构和业务管理是基于功能筒仓的，客户体验在很大程度上依赖于这些筒仓之间的相互作用。价值流图为客户提供了清晰的视图，并通过整体的方式清楚地看到组织中不同的部分是如何相互关联的，这可以作为根据价值流进行重组的催化剂。价值流图还提供了不带偏见的、基于事实的对于流程应该如何实现和维持高水平绩效的启示。

简约化工具

业务已经变得越来越复杂，使得价值流图更加适合用于管理业务。几乎每一个行业和组织都在应对以下各方面越来越多的变化：客户类型、需求和期望的变化；系统输入的变化；从系统产生产出的过程的变化；输出本身的特性和功能性的变化；组织和最终用户之间关系的变化；当事人的所在地的变化等。产品定制也在增加。价值流图是在宏观层面将工作的完成过程可视化和简约化的强大工具，从而能够更好更快地做出战略改善决策。

通过将复杂的工作系统提炼成最基本、宏观层面的模块的活动，构建了批判性思维技能，并为整个系统的改善的设计创造出了一个更易于管理的方法。同样，定义"系列产品"的过程（在第2章中描述）可以帮助人们发现共性与差异，这种统一的发现可以加速问题的解决，减少对变化的抗拒。对于许多组织来说，创建这些可视化的故事板是第一次让任何人都全面理解整个工作流。好的价值流图绘制能够深化许多人的洞察力。正如所报道的戴明说过的："如果你不能描述你正在做的事情，你就不知道你在做什么。"我们把这句话更进一步：如果你不能用价值流描述你在做什么，你就不知道你在做什么。价值流图提供了清晰性。

价值流图也可以抵消人们认为自己的世界比任何其他人的都要复杂而且难以管理的心理倾向。一旦被提炼出基本模块，很少有东西是无法管理的。当你与人们对基本模块如何在宏观层面上运作达成一致认识的时候，你就朝着在细节上达成一致迈出了一大步，就会觉得为了实现所定义的宏观状态进行细节设计是轻松的。

推动持续改善的实用方法

价值流图是使用计划—实施—研究—调整（PDSA）循环⊖来解决绩效问题、投资市场机会、规划新产品线、改善现有产品线的重要步骤。图 1.5 所示为迭代和重复的改善特性，最好是与更广泛的战略相结合。未来状态价值流图提供了战略框架（蓝图），可在其中进行战术改善。

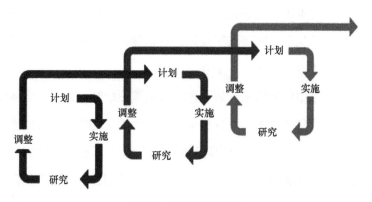

图 1.5　持续改善循环

由于这个原因，价值流图是高度迭代的工具，会经常被查阅，并需要随着价值流的变化而更新。我们建议将价值流图实物张贴在具有战略意义的地点，定期举行碰头会讨论价值流的绩效，并推动持续改善。价值流图不应该仅仅画出来分享后就放一边了。它们是你的组织各项职能的工作蓝图，应该在各个层级上推动讨论和决策。

⊖　PDSA（计划—实施—研究—调整）循环是解决问题、改善和各种类型工作设计的几种科学方法之一。我们在本书中使用了 PDSA，但你可以用 PDCA（计划—实施—检查—处理）、DMAIC（定义—测量—分析—改进—控制）、福特的 8D 方法，或者其他任何的周期性科学改善方法。有关 PDSA 循环的更多细节，请参阅本书作者 Karen 的书《卓越组织》，或任何与改善相关的书籍。

指导新员工的有效方法

价值流图也可以作为一种简单的可视化手段，在入职培训过程中指导新员工。帮助员工理解他们在组织中所处的位置，能满足组织内所有人联系的基本需求，从开始工作的第一天，就向员工灌输整体思维。与机场或购物中心地图中的"你在这里"类似，价值流图向员工展示如何融入更大的场景，并明确公司的运作方式。寻求提供更高客户价值的组织需要确保每一个员工都了解他或她与客户的联系。从员工刚一入职开始，就指导新员工采用价值流思维，也有利于实现创建持续改善文化这一重要目标。

如果使用本书中的方法来计划和进行价值流图绘制，你不仅会体验到工作完成过程中的可衡量的改善，而且还会经历重大的文化转变。价值流图绘制的过程，而不是价值流图本身，能够将转型思维和行为灌输到组织的 DNA 中，所以绘制本身拥有强大的力量。一旦有效地完成绘制，价值流图就会改变人们的想法和行为，改变他们与他人互动的方式，以及改变他们看待工作的想法。解决问题时的结论会更丰富，解决方案会更持久，客户也会更满意。工作环境压力变小，工作更充实、更安全。而且，假设客户对他们所接收的商品或服务有很高的价值期望，则从价值流的角度开始的改善就更有可能持续下去，并导致营收和利润双增长。对于政府机构和非营利性组织，合理的价值流设计和管理可以降低成本，提高组织效率，降低私有化的风险，释放机构可用于重新投资的现金，提高员工的士气和所服务对象的满意度。

绘制价值流图的常见失败情况

为了充分利用价值流图的力量，我们建议应避免以下这些常见的失败情况。

仅仅将价值流图绘制过程作为工作设计活动

我们经常看到的一种失败情况是，价值流图仅仅被机械地用作提高价值流绩效的工具。虽然这是绘制价值流图的一个重要原因，但是如果经历了创建价值流图的努力过程，却没有收获相应的组织学习、文化转型以及领导力开发方面的好处，就像买了一辆法拉利，却只在限速为每小时 35 英里（1 英里 = 1609.344 米）的城市驾驶一样。

把价值流图用于战术改善

太多的组织忽略了价值流图绘制的益处，他们试图用它来定义战术级别的改善，这其实是流程图的工作。存在这个问题的一个可视化的提示是，我们看到所谓的价值流图铺满了整个墙面，动辄包含 30、50 个甚至更多的流程步骤。另一个可视化的提示是价值流图被格式化为泳道视图，并且/或者缺少信息流。虽然很多价值流图——或者价值流图的一部分——可能需要在设计、测试、实现实际改善之前进行"钻取"（深度探讨），但注意以下工作属于流程级图绘制的范围：定义微观细节，来设计、测试和实现宏观级别的变化。这两种类型的图有两种截然不同的用途。

人们经常问，如何确定何时应该使用价值流图，何时应该转向流程级图。虽然这取决于情境，我们却几乎总是从价值流图绘制开始以匹配领导力和确定优先级。对于价值流图中需要更加深入探索的那些部分和创建标准作业时，我们经常转向流程图绘制。流程图比价值流图更适合应用于更具体的改善需求。

在改善周[⊖]中创建价值流图

与前两种常见的失败情况相关的是用改善周作为创建价值流图的场合。从本质上讲，这两种活动有不同的目的和预期的结果，需要不同的人，并遵循不同的流程。我们经常在改善周中使用流程图绘制，而价值流图绘制通常先于改善周。让我们明确一下：改善周是设计、测试和实现实际改善的一种特定方式，而价值流图绘制活动的目的是为改善创建一个计划和一致性。价值流图绘制活动是战略性的；改善周是战术性的。改善周侧重于执行需要改善的工作的人员，而价值流图绘制活动侧重于监督需要改善的工作的人员。

创建价值流图却不采取行动

我们经常看到当前状态价值流图设计得漂亮，却没有未来状态价值流图的组织。或者虽然有设计精美的未来状态价值流图，却没有实现未来状态的行动计划。或者是虽然有详细的计划，却没有采取重大行动来实现未来的状态。强调一下，价值流图的目的是改善价值流。许多组织需要不仅仅把价值流图绘制和设计完当作很大的安慰，而是一定要在执行层面变得更好。

然而，这条规则也有一个罕见的例外。有时，只是创建一个当前状态的价值流图就已经是非常有益的了，可用于在领导团队中建立改善的紧迫感或实现清晰认知和"思想一致性"。例如，我们曾与一些组织高高在上的、甚至不了解改善需求的领导团队合作过，我们就采用了当前状态价值流图绘制，作为学习和实现一致性的工具。通过获得对相互联系的基本了解，或者对整个组织中缺乏这种联系的了解，领导者能做出更好的决定，对彼此的痛点更加宽容，在

⊖ 改善周是指 2~5 天的重点改善活动，其中有一个隔离的、跨部门的团队设计，致力于完全实现对一个所定义的过程或工作区域的改善。请参阅《改善周策划人》了解更多信息，并可以获得一组基于 excel 的计划和执行工具。

解决组织问题上变得更加协作。而且，看到无可辩驳的改善需求，让心存抵触的领导者不能再忽视改变的必要性。

对于这样使用价值流图，有些人可能会感到犹豫，我们也必须承认价值流图绘制停止在当前状态时，我们会感到担心。毕竟，一旦一个组织清晰地了解了工作的流动（或者更常见的情况不流动），那么下一步自然就是利用这些知识进行改善。因此，当你想要创建当前状态值价值流图来深刻了解当前状态和实现一致性的目标时，要努力劝自己将它带到下一个步骤：设计一个改善的价值流，然后实现它。歌德曾说过，"知道是不够的，我们必须应用；愿意是不够的；我们必须做。"

由一个不合适的团队做价值流图绘制——或者根本没有团队

与在流程级上使用价值流图的危险有关的是，许多组织忽略了在价值流图绘制团队中拥有合适的参与方所带来的丰富性。既然价值流图绘制是一个战略性的改善活动，未来状态图通常需要重大的组织变革，所以团队中必须包括那些可以授权这一层面变化的个人。正如你将在第 2 章中了解到的，如果团队中没有人有权力进行改变，那么未来的状态图绘制和改善计划必须经历一个"推销"（推广）过程，可能会将改善推迟几周或几个月才能开始，甚至是永久地拖延。除了推迟行动的风险，有权力做出改变的领导者如果不在场亲眼看见现实的当前状态，亲身感觉痛点，并参与团队讨论决定到底 X 还是 Y 需要发生的话，做出的决策也会前景堪忧。按照我们的经验，价值流图绘制后的推广过程通常会变成一场闲聊，有权力做出改变的领导者会推翻团队的决策，因为他或她不完全理解这些决策背后的原因。

对于领导者来说，参加一个价值流图绘制团队需要重要的时间投入，对于一个组织来说，这是启动绩效改进转型的非常有效、便利的方式。我们发现，以加速组织转型的方式来塑造领导心态和行为非常有效，我们将在第 2 章进行领导角色的讨论。

更糟糕的是，把价值流图创建工作指定给个人。价值流图绘制是一项团队运动。如果只有投手一个人训练，一支棒球队将不会赢得很多比赛。《学习观察》，是第一本关于价值流图的书的名字，它说明了一切。仅仅让一个人学习观察，特别是如果那个人是一个全职的改善方面的专业人员，对组织来说没什么好处。让一个人来决定如何在战略层面上工作是一种灾难。

毫无指标○地创建价值流图

正如我们在本章前面提到的，典型的价值流图有三个主要组成部分：信息流、工作流和时间线。利用时间来推动改善已经被证明是精益活动给运作设计表带来的很大贡献之一。甚至可以说，时间线是价值流图分析得以闪光起效之处。使用"滴答钟"来衡量产出量，以及考量人们实际执行工作任务所需的时间，迄今为止比任何分析工具更能揭示工作的流动性。正如在前言中提到的，你会在第 3 章中了解到更多，质量指标，包括完成并准确率（％C&A），为人们提供了对错误的强有力的洞察力，从而了解错误会导致组织混乱、成本增加，导致挫折、延迟交付，甚至在某些环境中造成伤害或死亡。

不幸的是，我们经常看到"价值流图"上没有任何指标。这再次让我们想起法拉利的类比，对高性能机器的大材小用。在没有衡量基准的情况下，如何衡量你是否已经取得了改进？如果你不知道价值流的真正绩效情况，你怎么知道该关注什么呢？虽然一幅图胜过千言万语，但没有指标的价值流图的用途是有限的。有人可能会说，没有指标的价值流图根本就不是价值流图。

正如前文提到的，我们偶尔会使用当前状态价值流图来实现非常具体的目

○ 指标用于衡量绩效，用来设置目标、反映当前状态、显示趋势、提供警示、驱动纠正措施、设计和衡量改善。它们是用来跟踪绩效与目标的差距的手段。

标，例如提高对组织中不同部分如何联系在一起的整体认识。我们还导入一些旨在帮助只考虑内部的领导者的价值流图绘制工作，让他们去看到从客户角度看待工作的价值。但是，如果你的意图是改善，那么没有指标的价值流图会让你没有衡量成功的基础，也没有一个明确的目标来指导团队的改善设计工作。

应该从哪里开始绘图?

　　那些看到精益管理实践价值的组织，最经常问的渴望开始获得精益管理优势的问题之一是"我们应该从哪里开始呢?"与之紧密相关的问题是，"我们应该什么时候创建价值流图?"这些问题的答案取决于许多因素。理想情况下，寻求转型的组织已经有了明确定义的目标，围绕其战略方向达成了共识，明确定义了业务目标，以及围绕有限数量的优先改善事项达成了一致。这些优先改善事项的目的是达到或超过本财政年度的业务目标。如果组织没有达到这样的要求，进行策略部署⊖的实践就是在组织深入采用价值流图之前的一个明智的基础步骤。策略部署的实践使组织能够创建一个行动计划，专注于有限数量的需要解决的问题和/或可以利用的机会。一旦明确定义了问题和机会，必须进行改善的价值流就变得相当明显了。

　　如果你的组织没有一个严格的方法来设置年度目标和定义有限数量的优先级事项（而且一直在这两者上浪费时间），而你不能够影响这种行为的发展，你可能希望尝试价值流图绘制。你可以选择遭受一个或多个绩效问题困扰的一

⊖　策略部署是一种方法，用于定义和获取实现组织业务目标所需的优先级事项的共识。它在 20 世纪 50 年代获得发展，也被称为方针部署和方针管理。要了解更多信息，请参见 Pascal Dennis 的《所做皆对》（精益企业研究院，2006）和 Thomas Jackson 的《精益企业的方针管理》。参见本书作者 Karen 的《卓越组织》，了解策略部署的改进版本。

个价值流，如缓慢的交付、客户投诉、有规律的不顺畅、成本超支、生产力减弱、安全违规、士气低落等。当一个组织的利润越来越少，面临新的竞争或市场份额损失，或者从积极的一面来说，希望改善经营，以增加公司的市场价值时，我们建议审视一下它的全部价值流。

在使用 A3[⊖]管理法解决问题的过程中，会遇到需要使用价值流图的另一种情况，团队需要获得许多职能部门或工作团队的工作流程的高层级的清晰度。在这种情况下，要获得对问题表象必要的理解，并确定这些问题的根源，价值流图就成为一个选择。[⊖]

我们也推荐价值流图作为基本工具，来改善组织整体对客户的响应能力，来设计和推出新的产品线（包括前端的开发过程和后端的服务流程），来形成合作和合资企业，整合收购业务，并作为任何类型的组织考虑重新设计之前的先行活动。此时，价值流图就可以保护你不使用过时的范式进行决策，例如"职能部门效率更高""规模经济将降低成本"和"集中化更好"之类。这些千篇一律的信条似是而非，而价值流图是深入探索集中化和分散化优缺点两方面的有效工具，它阐明了职能角色和职责。那些在不了解其价值流的情况下重组的组织可能会经历短期的改善，但很可能只有通过引入价值流思维来重组组织，才能保证长期收益。毕竟，如果你不真正理解需求是什么，你怎么能设计出满足这些需求的组织呢？

从何处开始和何时进行价值流图绘制的底线通常取决于组织实施精益原则和改善的成熟度和经验。经验较少的组织可能希望从确定可以从改善中获益的

⊖ A3 是一种有效的、系统的培育人员和建立强有力的全组织范围解决问题能力的方法。要了解更多信息，请参见《学习型管理》（（Shook，精益企业研究所，2008）和《解读 A3 思维》）。

⊖ 反之也是正确的：价值流改善的过程可能会产生 A3 问题解决的需求，通过熟悉和熟练使用 A3 管理，你就能更充分地了解这种情况。已经开发了强大的 A3 文化的组织可能希望使用 A3 方法来定义和跟踪它们的价值流改善活动。

一个价值流开始，不是太复杂，有一个已经被动员的执行发起人，而且高度可视化。更成熟的组织可能希望将价值流图作为策略部署过程的一部分进行。无论在哪种情况下，价值流图都是一个强大的发现和设计工具，用于解决价值流相关问题或提高目标和改进业绩，以建立一个更强大的、在竞争中保持领先的组织，并继续保持最佳绩效。我们定义最佳绩效为交付客户价值，且组织不需要付出任何不必要的费用；工作流动且没有延误；组织 100% 遵守当地、州和联邦法律；组织满足（理想状态下超过）所有客户定义的需求；员工是安全的，受到尊重。价值流图绘制是在各方面取得卓越绩效的重要战略工具。

假设你的组织已经准备好受益于因价值流图带来的组织一致性、识别要完成的重要工作、并改善客户体验，那么第一步是计划绘图活动，这是第 2 章的主题。

第2章

保证绘图成功的准备工作

在组织适当地准备好和活动范围被划定好之前，太多的组织匆忙投入到了价值流图绘制中。有效计划是将价值流图绘制从"工具"提升到产生持续改善的管理实践的重要因素。

计划涵盖让组织准备接受价值流图绘制的典型挑战的各方面，包括范围划定、团队形成，以及计划谁、什么、何时、何地的后勤工作。计划阶段代表了宏观水平的PDSA（计划—实施—研究—调整）循环中的"P"。它本身要保证对于时间和细节的关注要求。这些细节是成功地解决任何问题所必需的，而且也是改善或者执行任何正在经历适当的PDSA循环的项目所必需的。

你需要做的第一个决定是，如何构造价值流图绘制活动。我们建议采用三阶段方法，我们认为这种方法是非常有效的。如图2.1所示，我们建议您在价值流图绘制活动开始之前，大约用至少四周时间开始计划价值流图绘制。这将使你有足够的时间来开发一个章程（在后文中描述），建立领导支持，组成一个适当的团队，收集相关数据，并为你的组织准备价值流改善的过程。本章讲述了"准备"步骤。第3章和第4章展示了创建当前和未来状态价值流图的步骤，第5章和第6章描述了如何制定和执行价值流改善计划。

对于从中等程度到复杂程度的价值流，我们发现在连续3天的时间内创建价值流并制定一个改善计划是最有帮助的，在此期间，团队专注于三个不同的

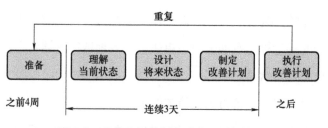

图 2.1　价值流图绘制的阶段和时间安排

改善阶段：发现、设计和计划。这个为期 3 天的模式充分利用了深度聚焦的好处。如果你中断这个过程，你也就打断了团队的势头，当把团队成员重新召集起来的时候，他们要回忆在哪儿中止的，以及他们为什么做出的决定，这就造成了脑力劳动的返工。间隔时间越长，团队就会需要越多的返工。而且即使只有一次，高水平绘制团队的召集也会很艰难。每次需要同一个团队重新开会时，调度变得越来越困难。

价值流图绘制活动产生三个可交付成果：当前状态价值流图、未来状态价值流图和价值流改善计划。虽然图 2.1 中交付三个成果的活动有明显的界限，但往往当前状态图绘制可能会扩展到第二天的头 1~2 小时，或未来状态图绘制会扩展到第三天的头 1~2 小时。

执行价值流改善计划应该在价值流图绘制活动结束时立即开始。我们将在后面的章节中讨论，在准备价值流图绘制章程时，应确定执行的时间框架。但是在我们讨论章程的形成之前，特别是在第一个价值流图绘制活动之前，让我们先回顾一下，考虑一下你的组织可能需要做的准备工作。

基本准备工作

请记住，在许多情况下，组织从来没有研究过其从最初的客户请求到交付的工作方式，在某些情况下，要到交付的商品或服务的收款。或者，如果它们进行了研究，它们是在微观层面上运作的，任何人都很难看出整个工作系统是如何整合在一起的。为什么流程改善工作不能提供可持续的结果？为什么将价值流图插入到改善过程中有助于组织更快更深入地取得进展？在杂七杂八的事情中被纠缠住是一个常见的原因。

从文化考量、组织准备再到价值流图绘制的步骤，在你开始创建实际价值流图之前，需要考虑这些因素。为了获得最大的成功，你必须向绘制团队和尽可能多的领导者提供价值流图绘制的综述。我们还建议，绘制团队应至少对精益原则和一些更常见的措施有基本的了解：用没有至少掌握了基本精益知识的团队成员来设计未来状态会出现挑战。

如果预期的改善的涟漪效应只是在一定范围内，那么你可以将综述提供限制在团队成员和那些改善价值流中负责的领导者。如果预期的改善会影响到大部分员工，最好将综述提供给整个领导团队。对于你最初的几个价值流图绘制活动，将支持服务的领导人员纳入进来会非常有用，例如人力资源、信息技术和财务部门，这样他们也可以开始看到组织内部的相互关联，以及看到通过价值流透镜来审视工作所带来的好处。最终，每个领导者都需要了解组织的关键价值流，以及他或她的团队如何支持向外部客户交付价值。

综述应该对价值流是什么，价值流图绘制的目的、提供的好处、如何完成，以及活动对组织的影响进行宣贯。它还应该解释每日简报会（稍后在本章中解释）的重要作用，以及团队成员、简报会与会者和引导师将在简报会中扮演的角色。

综述可以在创建章程之前交付，它将简化创建章程的过程，也可以在章程草案或最终形成之后交付。等到创建了章程再交付综述时，就向综述内容和由它引发的讨论添加了现实世界的特性。

如果综述是在章程完成之前交付的，那么绘制团队还需要参加一个更具体的会议，详细审查章程，以设置情境和期望，阐明范围，讨论角色和职责，建立参与规则，以及解决后勤工作问题。理想情况下，这个会议是在价值流图绘制之前进行的，这样团队就可以在活动的第一天就开始绘制。如果团队成员和/或引导师不是本地的，而远程的综述是不可能的，那么可以在绘制活动的第一天的头 1~2 小时内给出综述，但这样会减少绘制时间。

另一个关键成功因素是向中层管理人员和一线人员介绍价值流的概念。越多的人开始全面地看待工作（他们如何与客户联系，以及他们的工作是如何相互联系的），就会有越多的人开始了解客户和业务，决策就会越正确，改变的阻力也会越小。

开发价值流图绘制章程

价值流图绘制成功的程度高度依赖它预先计划的程度，这最有效和高效地反映在章程中。章程具有四重目的：计划、沟通、协调和达成共识。

我们使用图 2.2 中所示的章程，读者可基于此章程进行一些变动，其中包括对每个单元内容的简要描述。此章程的空白版本可在 www.vsmbook.com 下载。如果你希望创建自己的章程或使用你的组织已经采用的标准章程，我们建议你的章程需要包括下文中介绍的这些项目。

范围

本节定义价值流图绘制活动的一些条件。一个明确定义的范围有助于确保团队找到正确的人，并减少团队在活动中花费宝贵时间在考虑他们到底应该关注什么事情上的风险。目标是让团队做好准备，在活动的第一天之前，团队成员就已经非常清楚地了解团队的任务。范围中需包括的具体内容概述如下。

价值流

在这里，你要描述将要绘制的价值流，是完全面向客户的全价值流（如软

价值流图绘制章程

	执行发起人	各责任方	后勤保障
	价值流负责人	要求：一般为VP或C级别	活动日期及时间	一般为3天，能连续最好，每天至少6小时，7-8小时最好
	引导师	如果需要，通常为总裁或经理级别	大本营选址	现场、墙上空间充裕，私密安静
	后勤协调人员	要求：技术熟练，态度客观的活动领导者	餐饮提供	一般来说，就餐位置要近，免得团队多走
	简报会参加人员，要求参加**和选择参加*	不必需	简报会日期及时间	有助于建立共识和组织学习，一般为当天最后一小时
		列举被要求参加(**)和选择参加(*)简报会人员		

范围

价值流	要改进的价值流
特定条件	包含或排除的条件（如客户类型、地理位置等）
需求率	这项工作每周、每季度、每月或者每年开展的次数
触发因素	促使流程开始的因素
第一步	第一个流程版块的任务
最后一步	最后流程版块的任务
边界和限制	什么内容是团队未被授权改变的？
改善的时间框架	一般为3-6个月

绘制团队

	姓名	职能	联系信息
1		重要领导	
2			
3			
4			
5			
6			
7			
8			
9			
10			

改善需求的问题及经营需求

当前状态的驱动因素
1.
2.
3.
4.
5.

可测量的目标状态
1. 减少(设定参数Z%)
2. 增加(设定参数Z%)
3.
4.
5.

支持响应

	名称	职能	
1		不一定要全职的SME	
2			
3			
4			

客户收益
内部客户和外部客户如何因为价值流的改善而获益？
1.
2.
3.
4.
5.

经营收益
经营或内部客户会因为价值流改善实现的其他收益？
1.
2.
3.
4.

协议

价值流负责人	执行发起人
签名	签名
日期：	日期：

图2.2　价值流图绘制章程

件开发、新客户端实现、电影制作、抵押应用程序、诉讼、急诊患者护理、新设施建设等）、价值流片段（更大价值流的一部分），还是不直接向外部客户提供产品或服务的支持价值流。例如采购，从功能上说它可以是价值流片段（如在生产价值流的前期生产阶段购买原材料和供应品），或支持价值流（购买支持提供价值的办公设备或软件应用程序）。附录中包括三种类型价值流的例子：附录 B、D 和 E 都是全价值流的例子，附录 C 是一个支持价值流，附录 F 是价值流片段。

特定条件

这里，你将录入在绘制活动中要包括或排除的特定条件集——至少是有关当前状态的。范围当然很重要，但是在办公、服务和知识工作环境中进行价值流图绘制，范围的合理性更重要，因为重要的流程变化经常存在于一个产品系列内。（正如我们在第 1 章中提到的，产品系列包括经过相同流程的商品和服务。）

尽可能快地完成当前状态图的绘制活动，营造环境来促成深入的理解，这有助于缩小范围，有助于让绘制团队针对当前状态下的一组非常特定的条件加以考量。否则，你将花费大量的时间去试图了解所有可能的变化，却还不了解工作如何流动、断点会在何处等重要情况。

以订单实现价值流为例。在许多组织中，不同类型的订单遵循非常不同的路径。图 2.3 显示了如何适当缩小绘制订单实现价值流片段的范围设定。带有粗边框的变量反映了团队在创建当前状态时所关注的特定条件。

或者，你可能有改善门诊影像价值流的业务需要。根据患者是做 MRI、CT 扫描、乳透还是 X 光检查，工作可能有很大的不同。在准备该价值流图章程时，你可能决定只关注基于确定的准则（例如最高音量、最高边际、最大疑问等）的 CT 扫描，以此创建当前状态值流图（VSM）。你将在附录 B 中看

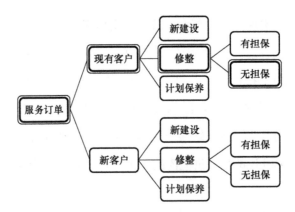

图 2.3　成功绘制当前状态需要合理划定范围

到这个示例的当前和未来状态值流图。

有意思的是，我们一次又一次地看到：在许多情况下，绘制出的特定条件价值流图可能最终占价值流工作总量的 25% 或更少。例如，儿科预约可能只占到医疗诊所就诊次数的 20%；只有 15% 的工程图样需要经过复杂的审查过程。然而，团队却经常发现，未来状态设计适用于价值流中 75% 或更多的变化参数。在宏观层面上，价值流图经常显示出，实际存在的变化不像感觉存在的变化那样多。⊖

简化对工作流的认识可以达成高度统一，这是执行共识驱动的改善的必要条件。⊖当人们看到宏观层面上没有像微观层面上那么多的实质性变化时，就更容易在不引入不必要的混乱的情况下处理复杂性。我们经常发现类似的绩效问题存在，没有考虑流经价值流的特定类型的工作。不要害怕把范围缩小到让你自己感到不适。在我们遇到的几乎每一个案例中，一旦团队成员按照为当前状态价值流图所建立的缩小的条件设计了一个未来的状态，他们就会发现，未

⊖　在第 3 章中，你将学习如何处理即使在限定范围内仍然可能存在的流程变化。

⊖　在本书中广泛使用的"共识"是指，即使没有得到所有各方的完全同意的，团队也会完全致力于的决策、计划或行动。

来状态图的绘制可以适用于更广泛的情况。

需求率

这是指每天、每周、每月、每年的工作量。在某些办公和服务环境中，这个看似基本的数据却很难获得，但这是你必须掌握的关键信息。如果不知道系统中流经的工作量和类型，就不可能真正理解当前的状态。如果不知道系统需要容纳的工作量，那么就很难设计流程并引入系统。同样重要的是，要知道需求变化的程度：工作到来是否有规律？按照可预测的周期吗？还是不稳定的？将历史数据（未来模式的指示器）和实时市场情报结合在一起是确定未来模式的最佳方式。

触发因素

这是指触发工作流过价值流的思想或行动。它可以是一个客户决策、某种外部事件、一个预定的活动，或者其他一些行为。触发因素的例子包括一个客户提交采购订单，一个人辞职，一个患者到达，一个原告提起诉讼，等等。

第一步，最后一步

我们把第一步和最后一步称为"篱笆桩"，在篱笆桩之间，团队要集中注意力。虽然偶尔会有一些情况需要在绘制活动过程中调整篱笆桩的位置，但是你会希望尽可能清晰地确定，因为团队的形成依赖于价值流图中所包含的流程。预先定义范围也会降低在活动中"范围渐变"的风险。在列出价值流图中包含的流程的第一个和最后一个步骤时，我们建议使用一个动词加名词的格式来反映流程的动作，例如，"输入订单"（而不是"订单输入"），"登记患者"（而不是"患者登记"），等等。

边界和限制

本节讨论价值流图团队运作的边界和限制。在这里，你要把团队没有被授权采取决策和行动的情况包括进来。这些决策和行动可以是财务上的、和系统相关的、针对特定客户或市场的、人员的，或者组织性质上或体质上的。我们遇到的例子包括由于即将到来的软件升级不允许复杂的 IT 修改；规定的支出上限；没有人员增加；以及公司政策维持不变，因为组织不准备在价值流改善窗口中解决政策问题（价值流图活动可能发生在一个子机构或分支机构，在改善时间框架内影响公司政策的能力有限）。价值流图团队应该让任何或所有对于流动或交付价值的障碍浮出水面，应该在分发给领导层的简报和总结报告中提到那些发现，应该务实，避免造成引起不切实际的期望的氛围，应该辨识在时间框架内不能解决的条条框框。

改善的时间框架

这是实施改善实现未来状态设计的既定时间框架。你需要决定价值流图绘制团队是否应该设计一个未来的状态，这个状态计划在 90 天、6 个月或 1 年的时间内完全实现。在某些情况下，企业改善的最后期限是基于对时间敏感的业务需求的（如企业收购或新产品发布）。在其他情况下，你可能希望等到未来的状态设计完成之后，再根据组织承受变革的能力，来确定组织需要多少时间进行既定的改善。

我们喜欢的运作方式是确定一个时间周期，并将未来的状态设计扩展到这个框架内。我们通常建议组织采取一种短期的方法，比如用 3~6 个月的时间，来把设想变成行动。长期的考虑会由于注意力分散，领导优先级改变，技术、市场、监管环境等方面条件的改变等，而陷入更大的停滞风险。即便如此，激进的短期考虑也并不适合所有人。我们偶尔会和客户在大范围和慢节奏的价值流改善上一起发力。

当前状态的问题和业务需求

精心设计和良好社交化的章程的部分价值在于，你可以对组织所面临的问题以及为什么需要改善的问题在全组织中从上到下进行调整达成一致。明晰化是建立共识和推动变革的重要杠杆。

抵制一下匆忙掠过本节的冲动吧！花点时间来识别，来达成共识，来简洁地传达整个价值流中要应对改善的前 2~5 个原因，这将节省你在价值流图绘制活动期间和之后的宝贵时间，因为你将不需要为了改善而迁就任何人。这些问题和需要可以与财务、业务和市场相关，与承诺相关，与人员相关，或与这些的任何组合相关。在可能的情况下，引入数据来标定问题和交代背景。

可衡量的目标状态

在章程的这一部分，反映的是你计划改善的力度。在图 2.2 的价值流图章程中，我们建议你不仅纳入当前和未来状态的原始数据（从 X 到 Y），还纳入它们改善的百分比。这在一些情况下尤其重要，在这些情况下，原始数据似乎只反映了微小的改善，但在百分比上却显示出重大改变。例如，从 5% 提高到 15% 似乎不足以宣告胜利，然而这些数字代表着 200% 的进步。相反的情况也确实存在。从交付周期里剔除 2 周看起来很重要，如果现在的交付周期是 4 周（提高 50%）的话。但是，如果一个复杂的价值流有 12 个月的交付周期，剔除 2 周只代表不到 4% 的收益，而且有可能不能满足当前业务需求了。

在你创建该章程时还不知道你将用来衡量进度的基准（当前状态）的情况下，你可以先声明你所追求的改善的百分率。在获得基准信息之后，再将原始数据纳入进来。

客户收益和经营收益

与明确列举研究和改善特定价值流背后的驱动因素的原因相似，列举 2~5 个直接和并行（间接）的价值流改善对组织和客户的收益，是减少变革阻力，加速改善的执行，深化一线到高层对"大局"理解的另一个途径。传递这些信息还可以在整个领导团队建立预先一致的共识，从而为执行改善计划创造更多聚焦和支持的环境。这一部分还可以列举一些可能更难衡量的收益，比如减少压力、改善工作关系等。

各责任方

为了使价值流改善获得最大成功，你需要指定人员为特定角色并承担明确的职责。下一部分中至少有两个需要说明的责任方：执行发起人和引导师。其他则依赖于诸多因素，例如组织大小、结构和成熟度，是否是外部引导师推动的活动，等等。

执行发起人

执行发起人通常是副总裁、工厂负责人、总经理，或者是最终对结果负责的 C 级领导。理想情况下，这个角色需要由一个监督整个价值流的人来充当。但在许多组织中，除非达到总裁或首席执行官的级别，没有人监督所有的职能部门。在小型组织中，总裁或首席执行官通常是执行发起人的最佳人选。在较大的组织中，执行发起人通常是"风险共担"的最重要的高级领导者。在极少数情况下，执行发起人是很少参与价值流的一个人员，但他或她对改善的影响和热情要比那些在价值流中最大程度参与的领域主管更大。执行发起人可能在团队中，也可能不在团队中。执行发起人至少应积极参与章程的开发，在启动期间向工作组发表讲话，参加简报会，并监督改善计划的进展情况。

价值流负责人

理想状态下，价值流负责人是一个对整个价值流绩效负责的人。在一个等级森严的组织中，他比执行发起人更靠近工作。在没有这个指定角色的组织中，价值流负责人可能是管理很大一部分价值流的董事或经理。除了较小的价值流之外，这个人几乎总是在价值流图绘制团队中。

不那么重要的价值流，如新的供应商处理，或更小的价值流片段，如月末的财务关闭，可能不需要高层领导者直接参与。决定未来状态设计的关键在于以下可能性的程度：涉及的只有高层领导者才有权做出的战略决策，涉及的低层级的授权等级，价值流的重要性程度和组织的成熟度。如果价值流要求的是不那么显著的改善，经验丰富的中层管理者能承担更大的责任，也就能够负责推动价值流的改善。

引导师

选择合适的引导师是价值流图绘制成功的无可争议的关键因素之一。引导师为各种不同的角色服务，从培训师到计时员，从技术变革的代理人到发起人。强大的引导师对矛盾能应对自如，拥有强大的倾听技巧，他们同样精通团队领导工作，能带领团队历经绘制活动的发现、设计和计划阶段。他们了解组织的动态和变化的心理，擅长以尊重和支持的方式挑战既有范式。优秀的引导师在不同的环境中也能有效地应用策略，能够快速建立联系并且容易与组织各个级别的人员进行沟通交流。为了保持客观性，引导师既不应该监督，也不应该在改善中价值流的任何部分工作。

后勤协调员

这个人负责预订价值流图绘制团队的大本营，订购食物，收集供应物品

（4×6 英寸[⊖]和较小的便利贴，36 英寸宽的地图纸，剪刀，胶带或图钉，记号笔），如果需要的话，设置好电子连接，等等。内部引导师通常是后勤协调员的两倍。

简报会参加人员

每日简报会是一种让组织围绕变化保持一致，并将那些不在绘制团队中的相关方纳入活动的方法。根据组织的价值流图绘制的经验，简报会还可以作为有效的推广和学习活动。在这种情况下，你可能需要邀请更多的利益相关者作为听众参加。发布会也是获得组织范围内的支持，以及围绕即将发生的变化的统一领导者意见的重要步骤。理想状态是，所有相关的领导者都包括在该绘制团队中。但是，目标团队的大小是 5~7 个成员，而且在任何情况下都不超过10 个成员（详细讨论见本章后文），所以有时不能保证所有相关领导者都在团队中。对于人力资源、财务和信息技术等多种支持职能的领导者，引入价值流图绘制和系统思想也很重要。在许多情况下，你需要通过支持职能的工作进行改善活动。当你需要达成快速的共识和提供资源的承诺时，最好让支持部门与流程一起"成长"，而不是被晾在一旁。在下面的部分中，我们将详细介绍这些简报会的目的、格式和后勤保障。

后勤保障

绘制章程应包括后勤保障信息，例如绘制活动的日期和次数；在不去亲历价值流现场时（第 3 章中讲述），绘制团队开展工作的"大本营"的选址；是否提供食物；以及上面提到的简报会的日期和次数。

绘制团队的大本营，要选择一个有足够用 36 英寸宽的纸进行绘制的墙的

⊖　1 英寸 = 2.54 厘米。

房间。这个房间的选择还应该能舒适地容纳额外来参加简报会的人员。

我们强烈建议你在现场进行绘制活动，而不是在酒店或会议中心。首先，团队需要容易地访问价值流的流程和执行这些流程的人员。其次，虽然人们倾向于认为，如果团队远离工作场所，他们会更加专注，但企业需要在正常的工作环境中培养专注于关键活动的能力。记住，执行良好的价值流活动取得的成绩要超出定义的目标状态，也能帮助用更有效的运营方式来取代起反作用的组织习惯。

特别是在新引入价值流图的组织中，我们建议你像前面提到的那样定期召开简报会。在一个三阶段的价值流图绘制活动中，简报会有三种不同的目的。在第 1 阶段结束时，团队成员共享当前的状态价值流图，加深理解。领导层直面工作流过的实际系统的真实情况时，经常会变得清醒，同时这也是迈向组织范围内的学习和调整的重要一步，它有助于建立一种围绕价值流改善的紧迫感。请记住，除了绘制团队之外，当前状态简报会通常是组织中的任何人员第一次了解工作，如何通过整个系统，第一次以如此清晰的方式看到流程断点和功能障碍。将对当前状态的理解扩展到绘制团队之外的人，可以减少组织对变革之路的抵制。当关键的大多数人员同意，"是的，这就是我们的运作方式"时，就很难再说，"我们不需要改变。"简报会也是一个有效的场合，可以纠正对价值流的绩效、角色和责任以及客户需求等方面的假设和误解。

举行定期简报会——确保相关各方的出席——在未来状态设计（阶段 2）完成后是一个更关键的步骤。第二次简报会上提供了在未来状态设计上达成共识的有效方式，否则就需要在完成未来状态设计后进行"推广周期"。我们曾看到过，推广周期使改善推迟了几个月才开始，在许多情况下，致使改善完全停止。让 5~10 名拿着高薪的领导者，花三天时间去了解组织真正的功能和设计全系统的改善，结果却因为组织中的一些人，阻止或无限期地拖延了整个项目，这就是浪费时间、金钱和感情！

第三次也是最后一次简报会，包括对价值流改善计划（第3阶段）的评审，这次简报会也有多个目的。首先，它展示有效的计划实践。最后这次简报会可以是一个获得对高效的行动计划的承诺的优秀样板。这些计划既不死板到无法整合即时发现的问题，也不松散到无法创造出动力、责任和专注，在面对诱惑时专注是很必要的。当你与来自整个组织的领导层一起完成价值流图绘制活动时，向前一步，向他们展示团队计划如何取得进展，获得他们支持该计划的公开承诺。

由于所有这些原因，在选择绘制日期时考虑领导团队是否能够出席，是非常重要的。因为一个关键的领导者在休假，没有从本可以使改善过程更加顺利的实时学习、辩论和达成共识中获益，便造成了价值流图绘制活动的失败，这种失败我们已经看到太多。要记住，价值流改善通常会产生相当数量的组织中断，领导者需要时间来适应计划的改善，准备好他们带领的团队来进行变革，准备好免费的资源来支持改善活动。

没有列入价值流图章程的最后一个后勤保障的细节活动，是为亲历价值流做好准备。这个活动在第3章描述，它需要预先计划。工作区域需要准备好，如果需要特殊的访问名牌或许可，则需要事先获得批准。

价值流图绘制团队

价值流图章程还应该包含一个绘制参与者的名单。一般来说，团队越小，结果越有效——只要价值流中的所有职能部门都有代表参加。5~7个参与者，代表了在这个过程中扮演重要角色的所有职能部门，这个是最好的规模。对于IT密集型的价值流，我们建议你在团队中包括一位IT系统主题专家。在任何情况下，团队都不应超过10人。团队超过10人，在亲历价值流时会对后勤保障构成挑战，不能保证每个人在活动中都能积极参加和有效的引导。同时，它也会带来更大的对改变的抵制和时间管理问题的风险，这就是通常"厨房里厨子太多"会造成的问题。如果在价值流中需要代表所有关键职能部门的人数超过 10，那么你应该缩窄价值流范围，或者举行较长时间的简报会，并邀请这些领导者对任何关注点或未来状态的设计发表意见。

如果执行发起人或价值流负责人在团队中，他或她应该在作为团队成员的同时也被列在责任方组。而引导师并不属于这个团队。

团队构成应该偏重于能够影响和授权未来状态改善类型的领导者（通常是经理人及更高级别的人员），这些影响和授权能真正地改变价值流。我们曾经推进过整个团队由副总裁和 C 级领导组成的价值流图活动。在这些情况下，未来状态的设计远远比底层领导者在绘制团队中更能实现业务目标。当然，让高层领导者在连续三天的时间里从事一项隔离的团队活动，也是一项挑战。

高层领导者不必要知道价值流当前的执行情况及活动前数据收集和所需价值流亲历活动（在第 3 章中描述的）的细节。如果你在团队中加入了了解细节却不能授权改善的低层领导，那么改善过程可能会被延迟，因为团队会需要推广具体的措施⊖。

团队成员偏重于高层领导者的最后一个原因是，领导者越资深，越能更好地理解"大局"，这可能会导致更创新（因此往往更具破坏性）的建议。请记住，我们不是在讨论设计战术改善的团队的流程级图的绘制。在价值流图绘制之后，这种类型的工作通常是必要的后续活动，但是宏观上的提高通常需要大胆地思考。我们对于团队构成的建议是"尽可能高地去要求，尽可能低地接受"，在前进的道路上要清楚团队构成的益处和风险。说服领导者，让他们放弃三天的时间并不容易，但通过明确地确定业务需求，说明他们参与的重要性，你可以提高他们对于为什么他们的参与是关键成功因素的理解。

⊖ 我们更倾向于"措施"（countermeasures）这个术语而不是解决方案（solutions），因为解决方案通常意味着某种程度的持久性，而这与建立持续改善的心态格格不入。

支持响应

对于那些在价值流中非常次要的角色，或者对于价值流中的一个或多个领域的间接支持，支持响应是应该有预案的。这些领导者需要经常参加简报会，但不需要在团队中全职工作。然而，如果团队需要他们，他们就要立即到场，所以他们的日程表上不应该有一整天不能被打断的承诺。一定要注意的是，不要一不小心让应该成为全职团队成员的时间紧张的领导者或主题专家，成了支持响应人员。

协议

根据组织的文化和成熟度，你可能需要或不需要，在章程上留出签名区域，来表示对价值流图绘制活动和后续的价值流改善的协议和承诺。如果你觉得它有帮助，我们建议你让执行发起人、价值流负责人和引导师签名。

价值流图绘制章程的社交分享

与沟通（communicating）相比，我们更喜欢"社交"（socializing）这个词，因为它表明，除了通过电子邮件发送公司的章程之外，还需要更多。章程社交分享是塑造改善的重要一步。它为成功实施改善奠定了基础，并减少了实际价值流图绘制活动后几个月内可能出现障碍的风险。

至关重要的是，在理解章程的过程中，你必须纳入三组人员：（1）相关领导者；（2）绘制团队成员；（3）在价值流亲历了解当前状态时涉及的区域内的工作人员（见第3章）。如果在价值流中工作的人员被要求演示工作任务，他们需要充分意识到进行价值流图绘制的原因、内容、方法以及时间。一线员工可能也需要准备好与他们可能不习惯打交道的层级的领导者交谈。必须建立一个诚实交流的安全环境，否则当前状态的真相可能会被恐惧（指担心被降职、解聘等）遮蔽。

正如我们在第 1 章中提到的，价值流的改善应该与组织的既定业务需求密切相关，并与组织的宗旨和战略方向一致。如果是这样的话，在领导团队中，应该对价值流改善是一个重要的优先事项这一点罕有分歧。但是，新接触价值流图绘制的领导团队仍然需要了解流程，权衡范围，同意价值流改善是高优先级事项，并了解未来状态的设计执行过程是如何完成的。

那些跳过将章程社交分享（对话，而不仅仅是电子邮件的附件）这一重要步骤的组织，通常不得不在那些可以不存在的障碍中进行导航和绕避。最好是进行艰难的对话，并提前获得领导对活动的承诺，而不是在绘制活动过程中冒风险，或者冒绘制团队必须在未来状态被设计后才不得不去获得承诺的风险。

在我们见过的最糟糕的案例中，一个组织未能在章程的开发和社交分享中纳入其全部领导团队。在为期三天的价值流图绘制活动的第二天结束时，一位在价值流中具有关键角色的职能副总裁宣布团队的"目标状态错误"，未来状态设计所依赖的关键改善"未获授权"。随后的辩论显示，计划团队应该发现参与工作的三个领导者之间存在重大分歧，并在制定章程的过程中予以解决。不幸的是，当天领导者无法调和他们不同的观点。包括两名关键供应商和两名从欧洲和中东飞过来的员工的团队，只好竭尽所能地完成了改变后的未来状态设计，并准备了一个改善计划。在计划阶段和/或适当地社交分享章程时，未考虑到一组更广泛的领导者，不幸导致了一项从未完全执行的改善计划。这一错误的代价高昂，对团队来说，这是令人沮丧的失误。

最后一点：章程的形成是一个迭代的过程。当你开始划定范围、定义目标、组建团队，并规划后勤保障时，新信息的出现往往会改变先前的决策。为了提高价值流图绘制成功的概率，需要采取谦逊的态度，采用一个内置的章程开发过程。执行发起人或领导者在特定职能领域的自上而下的委托，是通过达成共识的方式来加速改善的相反方式。章程应该在绘制活动开始之前完成，但在社交分享的过程中，以及获得了更大的洞察时，它有时需要修改。

数据收集

你需要预先收集的数据在很大程度上依赖于要绘制的价值流、改善推动和定义的目标状态的特性。作为实施者，我们一直要求获取的一项数据是，未来一到两年的客户需求（即将到来的工作数量或请求数量），以便在未来状态的设计时能相应地、增长或收缩。我们也要求质量报告要量化内部或外部问题（如果数据存在）。对于数据丰富、容量高的流程，收集关于需求模式、服务水平、交付周期和生产力的数据可能有帮助，但要确保不要把它变成数据收集练习，并且不能对绘制工作瘫痪束手无策。也不应该用预先的数据取代绘制团队在亲历价值流过程中直接观察到的数据。

在计划过程的很早期，通常要完成另一个准备步骤，即价值流亲历或讨论，这样就可以估算出亲历价值流需要花费多少时间，以及价值流图可能会有多大。对于价值流图可能包括的流程块有一个粗略的概念，也有助于理解在社交分享章程的活动中需要包括哪些职能部门，以及为测评价值流做准备的员工有哪些。列出可能的流程块也能确保所有相关职能部门都在绘制团队中有代表。

在某些情况下，由于实地约束、虚拟工作环境或安全区域的问题，我们无法亲历整个价值流。我们还要求获取在整个价值流每个流程中，正在进行中工作（work-in-process，队列工作）的数量。我们通常会等到在绘制活动过程中收集所有其他数据，以便整个团队从决定相关内容的过程中受益，并体验收集实时数据的困难。毕竟，数据差异是重要的发现！

一旦你通过适当的计划为成功做好了准备，你也就准备好迎接重大的一天了：价值流图绘制活动的第1阶段，即第3章的主题。

第 3 章

透彻了解当前状态

设计和实现改善，重要的一步是深入了解当前价值流的绩效表现。倘若对今天的工作是如何开展的一无所知，如何改进工作流呢？经常是用心良苦的人匆忙制定了解决方案，只是短期内的修补，却造成了导致更糟糕境况的风险。对当前状态缺乏清晰的认识，或者基于不完整的事实和假设，不正确的信息的运作，势必会导致出现顽固和重复的问题。

当前状态价值流图（value stream map，VSM）使组织中的每一个人都能看到价值流运作的真实情况。当其在全组织社交分享时，人们聚在一起并一致同意，是的，这就是我们当前的运作方式，从此刻起，价值流图开始承载更大的目标：为加速改善达成共识。值得反复强调的是，一些组织到此为止就不进行价值流图绘制了；使用恰当的话，当前状态价值流图能承担更大的使命，而不仅仅是实现改善。当前状态价值流图的结果可能不容乐观（可视化和数据驱动方式下的真实状况可能让人不容易面对），但其在围绕问题的集体理解和达成共识上是很强大的。相对于对正在发生事情的有分歧的认知和意见，这种基于现实发生情况的改善设计和实施更能顺利推进，较少出现抵制。

当前状态 VSM 堪称"可视化故事板"，显示当前工作是如何完成的。它能展示工作是如何流动的，工作完成人，以及创建图的当天价值流是如何运作的。VSM 绘制团队成员也会常常争论："我们今天看到的流程并非常态"，想要绘制流程应该具有的运作状态，即"之前的"和"总是的"运作方式。我们观察到，若要求某人描述某一价值流的特定流程，至少会出现四种版本：管理层认为的运作方式、人们期待的运作方式（例如：可能存在于书面程序上的）、实际运作方式和某种可能的运作方式。当前状态 VSM 旨在了解今天的环境下工作的实际运作状况，它是一幅"即时快照"，团队观察到的情况和汇集的指标呈现了这一特定日子的价值流性能。对于在输入工作量、输入质量、在进行工作（WIP）累积、完成工作时间等方面变化较大的价值流，绘制团队应该记录各项变化，而 VSM 应反映的还是绘制当天的价值流。⊖

开始绘制活动

在价值流绘制活动的第一天，引导师需准备好"大本营"或会议室，在墙上张贴 36 英寸宽的纸张，供团队成员绘制（使用 4 英寸×6 英寸的便利贴⊖）。纸张的长度基于引导师先前对价值流的了解情况确定。

绘制团队成员到达之后，建议第一个环节是"介绍彼此"，即使参会人员相互熟识也要这么做。识别出每个人在价值流中的角色，强调了这项工作的"合作"特性，也强调从孤立思维向整体思维转化的过程。建设在做自我介绍和说明所代表职能的时候，团队成员明确说明各自的内、外部供应商和客户，从而再次强调价值流各组件之间的相互关联性。同时，请每位参加者分享对为期 3 天的 VSM 绘制活动的期待和/或担忧也是有益的。如果团队成员的期望与批准的章程不一致，那么在下一步行动前应先讨论其中的分歧。当然，对于已经恰当地社交分享了的章程，实际上应该避免在此阶段发

⊖ 对于变动较大的价值流，另找一天探究其不同条件下的运作情况，是非常有益的。

⊖ 有些团队喜欢在宽 36 英寸的纸上，或 11 英寸×17 英寸的纸上，或白板上直接绘图，1 英寸＝2.54 厘米。

现分歧。

介绍完之后，执行发起人须对整个团队成员发表讲话（如果可能，亲自讲），重申改善价值流的业务驱动力是什么、他/她对于绘制活动的期望是什么，以及他/她对于团队能够完成章程中列出的状态的信心。

无论是执行发起人，还是价值流负责人，都必须和团队成员一起再一次回顾章程，从而确保团队成员明确了解绘制活动的范围和使命。即使章程已经广泛地社交分享了，在绘制活动的初始阶段再次回顾它也可以巩固团队的共同使命，尤其是在未来状态设计阶段对变革的不适感抬头时很有帮助。同时，在绘制活动初始阶段，执行发起人或价值流负责人回顾章程可传递一个清晰的信息：章程是团队的，不是引导师的，绘制活动的产出也是属于绘制团队的，而不是引导师的。

在绘制工作的本阶段，不要公开讨论章程。整个团队必须恪守在计划阶段确定的范围和可衡量目标，直至出现新信息。然而，这不应该是团队最后一次回顾章程。在推进过程中，我们通常要多次重温章程，旨在强调重点，给团队成员再次输送能量，在团队失去焦点时将其拉回正轨。

至此，执行发起人和/或价值流负责人将任务转交引导师。该引导师在简要介绍后，审查活动的"理论上的"议程，围绕"参与规则"探究一致性，从而确保实现最大限度的成功（参阅下面我们常用规则的范例）。为什么说是"理论上的"议程呢？原因在于虽然引导师应该为绘制活动制定可靠的计划，但计划应稍有弹性，以允许观察当前状态和设计未来状态的时间的长短可变。

假如团队从未接触过"精益思想"、PDSA 循环、价值流的基础知识，引导师就需要进行简要综述。当然，正如第 2 章提到的，最好在活动之前进行综述介绍，从而不会侵占团队价值流图绘制的时间。一天中越快进入绘制阶段越好。

改善活动的参与规则

我们通常与客户协作，共同选择"参与规则"，使其与自身文化和工作环境相匹配。下面是我们最常用的"规则"。在初始阶段，团队成员就规则达成一致，必要时可进行修订。常用的是"三击条例（three-knock rule）"：某个团队成员认为活动违反了某项规则时，即可敲打桌面三下，然后团队会解决它。将规则张贴在"大本营"的显著位置可有效防止偏离规则的现象。

★活动按时开始、按时结束，"按时"至关重要。

★不可中断，团队成员保持100%的精力和关注力。

★无线设备调至静音或关机状态，禁止采用振动状态。

★关闭笔记本式计算机。

★禁止收发电子邮件、IMs或各类文本信息，休息期间除外，获取与活动直接相关的信息除外。

★人人平等，没有特权可言。

★禁止相互指责。

★少数服从多数。

★充分发挥创造力而不是资本力，头脑力而不是金钱力。

★顾全大局，杜绝孤立和小集体思维。

★有不同意见要公开讨论。

★鼓励提出不同意见，互相尊重，友好共处。

★在制定出适宜发布的计划之前，所讨论的内容不许泄露。

★严禁使用"不可能""不行，因为……"等语言，采用"行，如果……"的心态。

★严禁采用"这是我们一贯的做事方式"的思维模式。

★遇到问题要寻根究底，多问"为什么?""为什么不对""假如……会怎样?"

★逐一发言，避免交头接耳。

★充满自信，积极踊跃。

启动工作完成之后，团队成员准备好投入价值流绘制工作。首先应该在宽36英寸的纸张的右上角，通常标注以下信息：价值流名称、"当前状态"、内在条件和/或外在条件、顾客需求（工作量）、发起人姓名、VSM绘制团队成员姓名、日期等。

在开始创建当前状态价值流图的过程之前，我们必须提及一个重要的步骤：亲历价值流现场，它对于处于办公和服务环境中的绘图团队通常是陌生的。

亲历价值流现场

绘制当前状态 VSM 的关键一步是亲历价值流，即"去到现场（gemba）"。*Gemba*⊖一词源于日语，意思是"工作进行的实际地点"。去到现场，团队成员可以观察工作状况，与现场的工作人员进行交谈，获得需关注问题点的第一手材料，从而充分掌握当前状态。一般来说，在熟悉的环境与他人交谈，人们会更加自在一些；而假如被叫到会议室，面对领导和一大群人对工作流程进行评价，人们通常会产生焦虑情绪，会感觉自己站上了证人席。团队去现场接触工作人员的效果会更好。

⊖ Gemba 也可以写为 Genba。我们用罗马字体书写，一般写为 gemba，但从日语平假名的发音来看，用 genba 似乎更合适。本书中，"去现场观察"（going to the gemba）和"亲历价值流"（value stream walk）两种表达方式互换使用。

即使整个价值流的运作是在隔间或封闭的办公场所进行的，亲历流程通常都会加深理解。绘制团队成员亲历流程可体验价值流运作的物理条件。我们已经让诸多绘制团队去看、感觉、听，甚至闻一闻需改善的当前状态情况。如果仅仅在会议室中创建当前状态价值流图，他们就永远不能体会这些情况。同时，也只有去到现场，方可领会上游供应商和下游客户之间可能存在的实物的分离与孤立，并观察是否存在可视化管理。

当人们熟悉了特定的工作条件之后，难免会习以为常，所以绘制团队成员亲历价值流的最后一个原因是克服这种"无意识的盲目性"[⊖]。当旁观者——未参与流程的人员——有目的地直接研究工作环境的时候，他们通常能够看到运作问题的原因所在，不然这些问题不会被发现。

假如希望亲历价值流活动发挥最大作用，必须让现场的工作人员做好准备，真正理解亲历活动的各项目标和意义（理解，而非主观判断）。现场工作人员必须明白活动关注的是工作系统的设计，而不是个人的表现，说得直白一点，也就是他们必须摆脱恐惧感。我们常常强调我们想要了解真实发生的情况，所以要坦白告知一切，无须顾忌。活动旨在了解情况，对惩罚某人毫无兴趣。毕竟，如果绘制团队不了解流程中的断点，如何制定相应的措施呢？例如，我们已经推进的 VSM 绘制的一系列活动过程中，工作人员揭露了一些领导层失察的不切实际的活动。而且，这些问题是关键性的，须了解和尽快解决的。没有高度信任，这些问题很可能不会被揭露出来。正如第 2 章中提到的，亲历前与现场工作人员的全面沟通至关重要；而且要留出提问时间，以缓解低水平亲历活动造成的焦虑情绪。

我们已经强烈建议 VSM 绘制团队成员限制在 10 人之内（切记越少越好），

⊖ 无意识的盲目性（Inattentional Blindness），也称为无觉察的盲目性，是指在做要求关注的任务时，没有注意到视野内的突发刺激。这种情况经常发生在一个人的环境中有多余刺激物的情况下。

主要由各职能的领导者组成，而亲历现场可以有效地将那些最了解价值流实际运作状况的人员：运作人员本人，纳入到活动中来。这种纳入收益颇多，有助于扩展组织的学习、展示领导者的参与、达成共识和体现尊重。同时，亲历价值流这一做法还可有效改变坐在办公室发号施令的不良领导习惯，改为"去观察"。这样构建了领导层与一线之间更紧密的关系，从而能做出更高质量的决策。

有时，亲历整个或部分价值流无法实现，比如价值流的部分运作场所偏远或不安全，或者亲历价值流会造成特别的困扰。例如，一些金融机构或软件开发公司，价值流的重要部分可能在另一个国家。在这种情况下，可以通过在线共享、视频会议、视频聊天或其他可视化交流方式向绘制团队展示现场情况。即使无法亲历价值流运作的整个现场，也应该尽量亲历部分现场。

亲历价值流的后勤保障需要提前计划，并要对运作环境高度敏感。在一些环境中，绘制团队必须谨慎行事。例如，在医疗保健场所信息需高度保密，或在服务中心时恰巧客户正在现场。如果是需要持有特别许可证才可入内的安全区域，必须事先在计划阶段做好安排。

为了最大限度地了解当前状态，我们建议绘制团队在同一天两次亲历价值流。我们发现再一次观察价值流有助于团队成员更深入地学习，总是能获得额外发现。两次亲历价值流对刚开始进行价值流绘制的团队来说，可以减少压力。下文中将介绍每次亲历的不同目标。经验丰富的团队也有可能选择只进行一次亲历活动来完成任务。

亲历价值流可以有两种选择：从所定义的绘制范围的起点走至终点，或者反向从终点走至起点。与工作流通常方向相反有几个优点。第一，角度不同导致注意力更加集中。就像倒着走、换只手用餐、倒着读语句等违反常规做事，会带来不同的体验，需要注意力更加集中。这时高度的觉知力会有助于更加深入地理解价值流的设计以及其中需要考虑的文化因素。

第二，反向亲历价值流有助于团队成员观察供应商和客户之间的联系。当首次要求下游的客户描述一下收到的产品及其用途时，从反向流程中较容易发现更高质量产品的需求。

第三，从接收端向生产端逆向观察，更容易发掘出将"拉式（pull）"设计到价值流中的方法。拉式（pull）系统是一种工作管理体系：只有下游的客户做好接收准备时，上游的供应商才交付工作。这一技巧有助于揭示工作流中的问题点，在有解决方案时加速实施。大多数流程和价值流并未利用精益方式进行重新设计之前，一般是推式（push）系统。也就是说，不考虑接收方（流程的客户）是否有能力进行处理，工作从一个职能或部门推进到下一个职能或部门。结果是，工作常常先放到一边直到接收方能进行处理。进行拉式与推式系统相对比的进一步学习，我们建议阅读精益方面的经典书籍，诸如《精益思想》和《丰田模式》。

我们坚决执行的一个原则是团队集体亲历价值流现场。有一种倾向是将整个团队分成若干小组，特别是在过于狭小的工作场所或须避免干扰的运作环境中。亲历价值流的突出益处是团队成员在观察工作和工作环境时展开的对话，以及记录下孤立管理流程的效果。如果整个团队成员分散开了，就无法获得这些益处了。另外一个让团队统一行动的益处是，因为第一次亲历现场发生在VSM绘制的早期阶段，有助于凝聚团队。我们发现把团队成员分成若干小组有可能延缓这一凝聚过程[⊖]。

记录价值流当前状态

去到流程现场的重要性和后勤保障已介绍完毕，下面介绍记录当前状态的

⊖ 我们不建议要求每个人都统一想法。相反，有经验的引导师会警惕"趋同思维"，特别是在未来状态设计阶段。应该采取措施保证趋同思维不会占主导。我们提到的凝聚过程更多是指在全团队尽早建立信任，使团队成员在畅所欲言时有安全感。

五个步骤：第一次亲历价值流现场、设计价值流图布局、第二次亲历价值流现场、补充细节内容、绘制价值流总图。

第一次亲历价值流现场

第一次亲历价值流的过程中，绘制团队首先要确定如何把价值流拆分成流程块。第 1 章我们提到，价值流是由一系列相互联系的流程组成的，将客户的要求转化为产品或服务后再提供给客户，形成"需求—交付"的循环。第一次亲历价值流主要是获取价值流当前状态的基本信息：形成价值流的流程的顺序，所做工作的功能。例如，客服代表输入订单，工程师对项目进行报价，护理人员分发药物，软件开发商进行验证测试，警官实施逮捕等。

注意每一个流程都由诸多步骤构成。回顾一下第 1 章的图 1.1，VSM 上表示的工作区隔是宏观层面的，所以此时无须考虑生成输出所需的具体步骤。而且，这也是价值流图和流程图（process map）的区别所在。流程图包括输入订单、项目报价、分发药物、验证测试、实施逮捕等时的所有单个行为（步骤），而 VSM 则关注高层次的活动，例如将需求转换成交付。同时还要注意一点，绘制 VSM 是为了设计战略性改善计划，以指导阶段性工作，而非着手于处理各个问题的细节层面。

第一次亲历价值流现场，VSM 绘制团队成员与现场运作人员进行交谈，深入了解将输入转变成输出流程中的各项活动。在这个阶段，各位成员收集信息，从而确定绘制价值流图的方式方法，即确定哪一个流程块应该在图上出现，按照什么顺序出现等。虽然这时大家收集的并非是流程指标数据，也没有识别流程中的障碍所在，但必须搞清楚运作人员收到何种订单、来自何方、下一步工作是交给何人，以及工作何时需要停止。全体绘制人员参与交流、访谈，并进行记录，从而统一意见，弄明白设计未来状态 VSM 所需的信息，以期满足各层级的要求。当然，指定某个人做记录员、某个人做计时员，有助于保证整个团队工作的推进。

在这一阶段，VSM 绘制团队成员发表评论，提出诸如此类的各种建议也司空见惯："我认为，这一方法不可行"或"我们何不……?"等。改善的思路在亲历现场过程中初露头角时，各位成员应该立刻警觉到，将其记录下来。但 VSM 引导师要制止立即讨论这些想法的优点，也要避免沉溺于对未来状态的深入讨论。这个阶段要做的是创建一个未来状态设计阶段可以参考的"想法列表"。

与价值流员工交谈时，绘制团队成员应避免指责、贬低的口吻，应态度谦和、勤学好问，尊重员工，使沟通顺畅。评判的口吻会使员工树起防卫心态或者闭口不谈，导致团队无法获得有价值的发现。切记，这是了解、领会价值流的时刻，而非评判、指点的时刻。功能失效的价值流导致一线员工运作时障碍重重，以领导层为基础构成的绘制团队在现场亲眼见证到这一点，他们就会对此感到抱歉，对未能让员工充分发挥能力而承担责任。这种情况是价值流图绘制带来的很明确和长期益处之一。

对于价值流中显示出的功能失效程度，领导者常常会惊讶不已，也就会急于进入未来状态的绘制阶段。所以在亲历现场过程中，引导师可能要稳定绘制人员的情绪，让他们深入了解流程状态以保证创建一个强健的未来状态，打破他们过早地得出结论的习惯。

从现场返回"大本营"之后，团队成员对比各自的记录，关于价值流图中的流程块及其出现顺序达成共识。

设计价值流图布局

一旦返回"大本营"，各位成员即刻投入价值流图的初步绘制工作，在图纸上张贴 4 英寸×6 英寸贴纸，类似一种结构的基础图或网站线框图的设计。此时工作的重点集中在基础部分，即做什么（what is done）、谁做（who does it）、以什么顺序做（in what order），在此基础上，再逐层细化。

　　针对客户的贴纸——包括基于全价值流的外部客户和基于价值流片段或支持价值流的内部客户———般贴在图纸最上方的中心位置。倘若价值流程涉及外部供应商，传统的做法是将客户贴纸置于右上角，外部供应商置于左上角。但对于没有外部供应商的情况（经常是对于办公环境或服务场所），就将客户贴纸置于图纸最上方的中心位置。

　　下一步是，团队成员就构成价值流的流程块要统一意见。VSM 规模大小的设定需要实践经验。要确保 VSM 既不太大难以处理，也不太简单没什么用。为了使信息量恰到好处，我们一般计划 5~15 个流程块。低于 5 个，细节信息匮乏，难于实质性地决策未来状态。大于 15 个，表明单次绘制的范围过于广泛，或者通常说明慢慢转向了流程级图，可能会陷入战术的"杂草"中，未维持在战略层级上。如果过于深入到战术中，也会很难辨别各个功能缺陷。因此，凭借经验——特别是和经验丰富的引导师共事——就能在确定流程块的数量时把握十足、精准无误。

　　如果没有干扰或延迟的话，价值流中的工作就从一个流程流向另一个流程，从而出现了工作流。通常，当工作停止流动的时候，是出现了一个新的流程块。这时，要转换到新的工作场所，这是因为工作积累到了一定程度（在进行工作堆积），或是因为工作是按预定间隔时间进行的。从 VSM 绘制角度来看，需要判定"何时流程停止"。牢记不超过 15 个流程块这一目标，涉及多项功能的复杂流程很有可能有超过 15 个的流程停止点。在这种情况下，VSM 绘制团队需要再次校准他们对于"流"的理解。例如，跨越价值流中两个功能的两小时的工作项目的交付周期（lead time）总共为八周时，就可以决定合并这两个流程块（即使这两个流程块之间不存在工作流动）。同样，经验丰富者可以更容易地做出决定。

　　VSM 绘制团队的各位成员一致同意流程块的选择之后，他们就开始用最简略的语言描述各项活动，并且尽量使用"动词+名词"的形式（例如，检测样品、访谈申请人、输入订单、绘制图样）。同时，用贴纸展示执行活动的各项功能，如图 3.1 所示，写在贴纸的上方，并将其按恰当的顺序越过墙上宽 36 英寸纸张的竖直中点贴上。

价值流图展示工作的宏观层面，故通常不包括"泳道（swim lanes）"形式（常见于跨职能流程图），也不包括决策树（yes/no decision trees）（常见于流程图表）。切记，每一个产品系列（product family）都要有其相应的价值流。

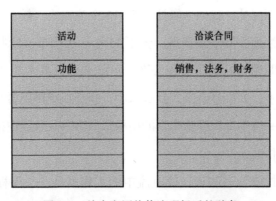

图 3.1　首次亲历价值流现场后的贴条

第 2 章中已讨论过：服务业、交易场所、创意机构、分析机构的价值流图需要根据特定的条件慎重规划范围。当前状态图应该反映这些特定条件下的工作流程。VSM 是宏观规划，通常展示整个流程的 80% 时间的状况从而减少变化，并且集中力量改善工作的大部分。这一做法可增强组织应对剩余的变化和其他事件⊖的能力。

如图 3.2 所示，有时我们绘制一个"岔路口"（分支），例如，表示流程

⊖　出于某种商业的原因，可能需要慎重地关注另 20% 的价值流，即其他事件（exceptions）。在这种情况下，相应图表应清晰定义要绘制的特定条件和关注其他事件的原因。

有时需经过某个特定的流程，有时需绕路而行。假如这是流程中的唯一岔路，那么描述此单点偏差（single point of difference）就无需两幅价值流图。切记，价值流图既是一门科学，也是一门艺术，只要艺术并不影响科学的客观性即可。

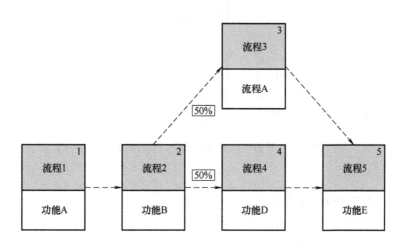

图 3.2　可接受的价值流图的分支

你也许注意到了，一个流程的输出可传递给两个或多个功能，并同时运作，我们称之为并行流程。在这种情况下，贴纸上下贴在同一竖直平面上（参考图 3.12 和附录 D；图 3.2 中的流程块 3 和 4 描绘的是分支，而非并行流程）。

一旦 VSM 绘制团队成员就流程块及其顺序达成一致，并将贴纸粘贴完毕，就要标上贴纸的序号，这大大有助于定位具体的流程块。如图 3.3 所示，是此时简单的价值流图的示意。

流程块按顺序标号之后，就准备第二次进入价值流现场了。这一次主要是收集相关信息和数据，以评估当前状态的运作情况，并发现改善的问题点和机会。

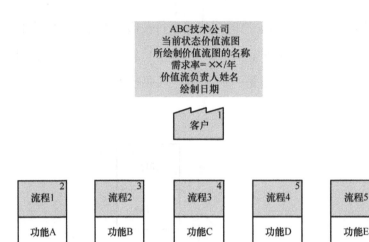

图 3.3　价值流图的逐步推进：流程块的定位

第二次亲历价值流现场

第二次亲历价值流现场，旨在深入了解价值流的当前运行状态，找出工作流动的主要障碍。每个价值流都有其特性。因此，基于想要解决的特定问题和/或想要把握的机会，对于每个价值流你都必须评价其当前运作状况，包括工作流过系统的形式、工作环境等。大多数情况下，对于待改善的价值流，需要从时间和质量两个方面来评价其绩效。团队成员必须掌握工作流动速度、工作强度和流过该价值流的输出的质量。显而易见，工作延迟越久，价值流的任何一点上的输出的质量越差，整个价值流的运作绩效就越糟糕。

每个流程块的关键指标

我们选用三个指标对98%的办公场所和服务行业价值流的当前状态进行评估：处理时间（process time，PT，制造过程中指加工时间）、交付周期（lead time，LT）、完成并准确率（percent complete and accurate，%C&A）。

（1）处理时间

处理时间（PT）也称为加工时间、接触时间、作业时间或任务时间[⊖]，是指完成流程任务的时间，即一个工作单元中将输入转换成输出的时间。一个工作单元可以是一份订单、一个患者、一张绘图、一项要求、一餐饭等。如果工作分批完成，我们通常记录一批的完成时间，也就是把一批工作当作一个单元。

处理时间通常以分钟、小时表示，代表做一项工作时的"接触时间"，也就包括了"交流时间"（澄清并获取与任务相关的附加信息，例如开会时间），还有"阅读和思考时间"（例如需要观察和分析的流程时间）。假如人力和设备都投入到处理工作中，并且非人力工作占据主要，那么两种时间应该单独记录，例如，微生物培养或上载大量数据所需的时间。

处理时间不包括等待或延迟时间。它指的是流程员工不受任何干扰地完成工作所需的时间。如果工人时常被打扰，或者不时要去要求上游澄清、增加或更正信息的话，那么员工一开始就很难确定实际的处理时间，因为这是他们第一次从时间这个角度来看待自己的工作。切记，耐心地引导他们。

在办公、服务业和知识性工作场所，处理时间通常取决于处理的难易程度，故绘图最好限定在一定的条件下。假如在限定的条件下处理时间仍然变化较大，那就选择中间值（而非平均值），该数值可较为准确地反映了流程的典型运作状态。[⊖]处理时间仅涉及将输入转化成输出的工作，不包括一个工作单

⊖　为了避免混淆，我们没有使用"周期时间（cycle time）"这一术语，因为它可以有几个不同的定义，类似于处理时间（process time）、交付周期（lead time）、输出速度或频率（the pace or frequency of output）等。

⊖　平均值（mean）指的是一系列测量值的代数平均值：总测量数值除以测量数值的总个数。中间值（median）指的是一系列测量值的中间点测量值，一半测量值在中间值之上，一半测量值在中间值之下。一旦出现外在因素干扰，平均值即刻失效，而中间值不会受到大的影响。例如，假定某个生产过程的四个阶段过程时间分别为 10 分钟、10 分钟、20 分钟、60 分钟，平均值就是 25 分钟，而中间值是 15 分钟，这个中间值更能准确反映实际运作状况。

元首次被审查或接触前在队列中等待的时间，例如，等待更正或说明情况，等待传递工作至价值流中的下一个人或下一个部门的时间等。

虽然处理时间是重要因素，但准确就好，无须精确，因为 VSM 是一系列流程的战略性展示，没有必要详细研究时间，只需基本了解完成工作所需时间即可。在战术改善阶段，也许需要详细研究时间，因为改善计划中会纳入 PDSA 循环。VSM 的目的是对于未来状态进行战略性的决策。

处理时间体现人力活动（有时反映设备运行时间），在当前状态包括增值活动和非增值活动。增值活动指的是外部客户重视并有意愿付款的工作，或与客户做生意的必要条件。其余的花费和工作属于非增值活动。然而，非增值活动又可划分为两种：必要性的和不必要性的⊖。必要存在的非增值活动包括组织认为当下必须进行的业务活动，有时我们也将其视为价值使能的工作。换句话说，假如放弃该项工作，组织就会陷入困境，无法输出价值。不必要存在的非增值活动指的是真正意义上的浪费：客户不重视、企业运行不需要的工作。价值流改善的目标是向客户输出更大的价值。实现更大价值的其中一个方法是消除不必要存在的非增值活动，或者在进行必要存在的非增值活动时缩减它，从而节约资源⊖。VSM 有助于我们进行甄别工作，成功实现这一目的。

如果 VSM 绘制团队成员对每一个流程块进行评估，确定其中的工作根本

⊖ 有些组织喜欢用术语"重要的（essential）"和"不重要的（nonessential）"。在《精益思想》一书中，Womack 和 Jones 把必要非增值活动称为第一类浪费，不必要非增值活动称为第二类浪费。在精益圈，通常将浪费归纳为八大类：制造过多的浪费、过分加工的浪费、不良的浪费、库存的浪费、等待的浪费、搬运的浪费、动作的浪费以及人员未充分利用的浪费（涉及经验、知识、技能和创新性），这八大类都能暴露出潜在的问题点。将浪费分类有很多益处，包括有助于人们识别可能存在浪费存的全部范围，并针对浪费的根因找到相应的措施。最早是在制造过程中定义了这八种浪费，但我们已经发现，所有的工作环境中都会有这些浪费现象，只是程度有所差异而已。在办公场所、服务业、知识性工作场所，我们看到的所有实例中的浪费，也同样属于这八大类。

⊖ 有一些绘制价值流图的目的是消除不均衡和超负荷。

上是否增值（从外部客户的视角）、是否必要性非增值，或是否不必要性非增值，而且记住有些流程包括上述三类工作，那么这些价值流绘制活动就会受益匪浅。精益管理或 VSM 的新人的一个简单做法就可使其有所收益：给流程块做标记，增值标"VA"、必要性非增值标"N"。这时，引导师应该帮助 VSM 绘制团队保持宏观视角，避免陷入特定流程的细节问题中。对于经验丰富的绘制团队，无须解释一目了然的问题。

（2）交付周期

交付周期（LT）也称为吞吐时间、响应时间、周转时间，指的是在价值流中，当前的工作从付诸个人、团队、部门直至其完成的时间再加上传递给下一个人或团队的时间。交付周期通常用小时、天、周、月来表示。如果到来的工作在某个部门的电子（等候）队列中持续放置 6 小时，而后才有人着手完成且平均耗时 30 分钟（处理时间），又搁置一个小时之后才传递下去，那么这个流程块的交付周期就是 7.5 小时。其中，30 分钟是处理时间。换句话说，交付周期包括等待时间、延迟时间和处理时间。图 3.4 说明了处理时间和交付周期的关系。注意，在两个部门之间签订有服务等级协议（SLA）的价值流中，记录"实际"交付周期必须格外小心，不是指协议中的交付周期。

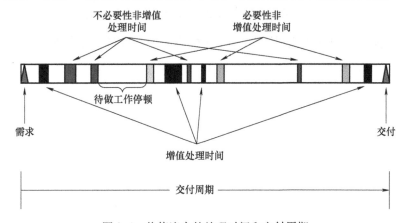

图 3.4 价值流中的处理时间和交付周期

选择交付周期的计量单位时，一定要考虑每天计划工作的时数。比如，传统的 8 小时工作制下，4 小时的交付周期就相当于半天，而两天的时间就是 16 个小时，依此类推。从天、周这两个单位来看，5 天工作制下，两周的交付周期就相当于 10 天。针对按月来计量的公司，还需考虑其每个月的工作天数。一般来讲，每个月的工作时间为 22 天。确保观察 VSM 的人员了解营业时数和营业天数。像医院、制造行业、呼叫中心等 24 小时的运作单位，可以使用时钟和日历，不必担心"营业时间"。

（3）完成并准确率（%C&A）

完成并准确率（%C&A）是最可变的指标。它反映每个流程的输出质量。问询下游客户收到"可用"产品或服务的时间百分比即可获得%C&A⊖。这是指无须更正收到的信息、无须添加本应提供的信息、无须进一步澄清信息。

如果某个部门报告了信息必须更正、添加或澄清，还需30%的时间方可开始工作，那么本项工作的上游供应商的工作交付质量就是 70%。这个 70% 指标就写在上游流程的贴纸上，而不是接收方贴纸上。将%C&A 写在贴纸上，有助于确保改善措施针对的是质量问题的根因，而非处理下游流程问题的权宜之计。

有时，某个部门或团队的输出%C&A 值较低，未被紧随其后的客户察觉，而在后续流程客户处才明显呈现。在这种情况下，VSM 绘制团队将观察到的每个%C&A 标注在该输出步骤的贴纸上，注意指出是哪个流程块发现的这一质量问题。本章后面将用实例说明这个问题。

⊖ 完成并准确率（%C&A）这个指标是 Beau Keyte 和 Drew Locher 在他们的著作《完全精益企业》中提及的。类似制造过程中的首检合格率（first pass yield），作者用这个术语来表示以信息为基础的接收工作的差错比例，从而返工要求，以改正信息或者补充缺失信息。在《改善周活动策划》一书中，我们将此定义扩展化以反映我们的经验，提出不必要性的分类是办公场所和服务业中第三种形式的返工，也是最常见的一种。

评价每个流程的%C&A 具有相当大的启发性，当知道自己的输出没有达到自己客户的要求时，会让员工感觉不舒服。但是，正确的激励措施、没有埋怨的工作环境以及力求使工作流达到最佳状态的思维方式，让通过%C&A 发现的各种问题具有积极的作用，驱动内部客户、供应商就期待和需求进行重要的对话，正如第 1 章所述，这是价值流绘制对文化转变的好处。

流动的障碍

VSM 绘制团队与运作人员进行交流或审查业绩报告，从中获取时间指标和质量指标，同时也需发现一些其他重要的流动障碍（并没有体现在时间和质量上）。流动障碍指的是阻止连续工作进程的行为或条件。由于浪费而产生的过多的交付周期本身不属于流动障碍，它们仅仅表明出现了"流动阻塞器"或流动障碍。例如，由于过多的传递导致过度交付周期而产生的额外流动障碍，没有必要记录下来，因为这些障碍在图上是显而易见的。同样的思维方式适用于返工。即使它是一个明显的流动障碍，也无须解释说明，因为它是%C&A 低下的必然产物。

同时，下面这些流动障碍相当普遍，通常产生重大的流动问题，而且从处理时间、交付周期和%C&A 指标上不易觉察。

（1）批处理

在办公场所和服务场所工作一般是分批处理的，虽然有些工作人员这么做时并未意识到。批处理有两种基本分类方式：①批处理量——保持工作等待直至达到特定的量（例如，收到 10 份后才输入订单）；②批处理频率——一天、一周、一月的特定时间进行某项活动（例如，夜间进行系统下载工作）。虽然批处理总是表现为流动障碍，但并非所有的批处理都"差"（精益运作设计新手的看法）。为了加速流动，必须确定实施批处理的理由，并且尽量消除批次，只要消除或减少批次能使业务更合理即可。

（2）系统停工期或次最优运作

在有些情况下，系统停工期过多和/或系统灵敏度过低导致的流动障碍很明显，需要记录下来。

（3）共享资源或员工缺席

假如负责某项工作的人员身兼数职且有优先顺序，无法在工作到来时及时抵达工作现场，就会导致明显的流动障碍。员工若有其他原因（例如，重要的外出、因病请假等）不能按时出现，在流程图中也应该标注出来。当相关时，标出当工作到来时员工通常在岗的百分比，是有帮助的。

（4）切换任务或干扰

在办公或服务场所，切换任务或不断处理长期性的干扰性问题显示出潜在的流动障碍，类似制造业中的安装或换模作业。绘制团队成员在第二次亲历价值流现场时，观察到或与员工交流时发现这类问题的话，应该记录下来，这很重要。

（5）优先原则

亲历价值流现场，询问工作人员如何安排工作的优先顺序（正式的或非正式的），从而发现可能存在的分歧和/或冲突原则是有益的。例如，销售从战略考虑把订单置于第一位；订单录入可能把特殊订单置于第一位；服务可能把特定地理区域的订单处理置于第一位。

团队的审查能力在这一点上可以发挥作用。切记，审查的目的是找出阻碍工作流动进程的原因。要适可而止且注意一点：不可让团队陷入绘制工作停顿状态。关键是识别价值流每个流程的影响运作和流动的主要问题，一经发现，立即记录在相应的流程块中。

附加信息

深刻理解价值流的当前运作状态也许还涉及大量的潜在信息。下面列出一些信息元素，有证据可表明其重要性。但是，也不可将价值流图绘制演变成信息收集练习。团队的工作重心应该放在识别、记录为数不多的重要因素，它们会对价值流的绩效产生负面影响。较为常见的、具有启发性的一些数据信息包括以下这些。

（1）在进行工作（WIP）

在进行工作指的是流程之间或其内部工作的累积。它表明存在过度生产、超负荷、批处理、输出质量不佳需返工，以及优先原则和技能熟练程度的变化等。如图 3.5 所示，工作在三处累积，而在这处的累积量之和是正在审查的流程的 WIP 的累积量：①在队列中等待还未开始的工作；②正在进行、尚未完成的工作；③已经完成、尚未传递给价值流中下一流程的工作。为了更加深入了解价值流的当前状态，团队也应该记录队列中最早出现的工作项目。

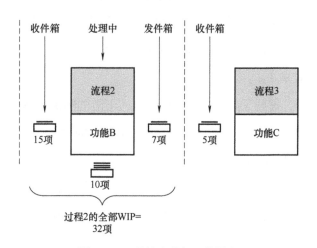

图 3.5　三处的在进行工作累积

（2）工作人数

贴纸上一般写上执行当前工作的人数。在未来状态设计过程中，VSM 绘制团队如需要完成某一特定价值流的工作平衡和资源分配，这一数据会很有用。工作人数还会表明另外两个潜在问题：人数过少，无法完成工作量，工作流会停止；人数过多，极易出现当前工作方式有很多的变化的情况，从而使下一阶段要采用的标准作业需要更为全面的规划和跟进。

有些情况下，不仅需要确定参加工作的人数，还需确定培训人数和有能力完成工作的人数。可以记录下后备人员（可替补休假、缺勤人员）的人数。参考下文中的图 3.6 可知，在传统价值流图中，人数的标记是底部带有一条曲线的圆圈（表示俯视坐在椅子上的一个人）。如果价值流的运作中明确知道人力不是主要因素，那么就无须记录参加工作的人数。

（3）工作时数

正在工作的人员是否超时工作或工作是否在 8 小时工作日内完成，了解这两点信息非常重要。诸如在医疗保健部门和警局等需要进行倒班的工作环境中，绘制团队成员应该注明是否有两个 12 小时的倒班，三个 8 小时的倒班，或者其他时数的倒班。同时，还需注明"正在营业"的总时数，因为这一数字可反映合适计量单位的指标，本章后续会讨论这一点。

（4）处理效率

有些情况下，需要了解上游工作成功进入下游的比例。例如，提案预测或申请（RFPs）转化为客户订单或采购订单（POs）的比例。

（5）每一流程的工作量或需求率

这一点是指不同部门工作量差异较大的情况。例如，某一价值流的提案数目可能是每月 500 个，而信贷部门也许每月只能处理 200 个。

（6）工作启动

绘制团队应该注明人员是如何了解要去做的工作的。工作是实体地到达的，还是用电子序列标注的？如果是电子序列标注的，是自动呈现还是须人工搜寻？在工作区域是否存在可视化管理看板？工作的启动是电话、交谈、传真告知还是客户到现场进行告知？切记，流程块的交付周期始于收到工作任务，而非员工开始处理工作的时间，因此确定工作的启动有助于团队获得更为精确的交付周期。例如，一封邮件的交付周期始于邮件的抵达，而非收件人开始阅读的时间；到餐厅就餐，交付周期的计算始于车抵达餐厅的时间，而非到达订餐窗口的时间；患者就医，交付周期始于其走进医院大门的时间，而非被工作人员开始接待的时间。

（7）其他因素

绘制团队须注明宏观层面上的其他所有相关因素。我们通常会提醒各个团队，绘制 VSM 当前状态时，他们时时刻刻都必须是"观察家"。就像调查凶手的侦探一样，娴熟的价值流绘制人员第六感官敏锐，可察觉线索。其中经验的作用非同小可，故主导或参与 VSM 绘制的次数越多，技巧就越娴熟，就越能轻易克服流程运作中的障碍，从而使绘制团队能设计出可以实现极大改善的未来状态。

补充细节内容

VSM 绘制团队成员第二次亲历价值流现场，返回大本营之后，应立即将获取的信息添加到图纸的流程块中。在贴纸上写上指标、流动障碍和其他信息的一般方式如图 3.6 所示。

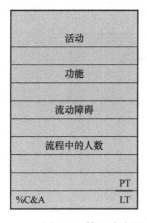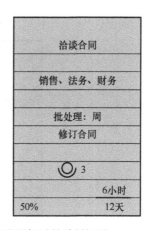

图 3.6　第二次亲历价值流现场后的贴纸记录

处理时间（PT）和交付周期（LT）写在贴纸右下角，其中处理时间在上；完成并准确率（%C&A）写在左下角。确定 PT 和 LT 要带有计量单位，即分钟、天、周或月等。随后，需要将处理时间和交付周期转换为统一计量单位，但现阶段可选择容易理解的计量单位表示这两个指标。我们通常尽量选择最小数值——例如，12 个工作日的交付周期比 96 小时或 5760 分钟更加容易让人接受。我们表示交付周期的计量单位通常比处理时间的高出一个或两个级别，从而将注意力集中在延迟的时间上（例如，"为什么完成 20 分钟的工作花费了两天的交付周期？"）。

最后，员工人数和尚未呈现的流动障碍写于贴纸上位于功能运作和指标之间的区域。

前文提到，如果多个下游客户报告的质量问题源自上游的同一个供应商，团队就应该将每一个客户的意见标在产生这一输出的流程贴纸相应的位置上，图 3.7 解释了这一点。在这种情况下，流程 4 将工作传递至流程 5。绘图中，流程 5（接收流程 4 的输出）的员工报告说在开始他们自己的工作之前，不得不花费 25% 的时间来完成从流程 4 来的工作的修正（校正、增加或澄清），所以流程 4 的 %C&A（正如流程 5 报告的）就是 75%。流程 7 报告说用一半时间来修正流程 4 的输出，但有别于流程 5 的修正，因为流程 5 还没有识别出流程

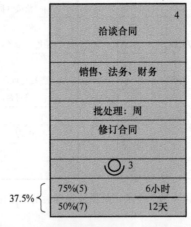

图 3.7　如何记录多个下游客户报告的同一上游供应商不同的 %C&A

7 需要做的修正工作。流程 7 的报告中所述流程 4 的%C&A 就是 50%。由此得出，流程 4 总的%C&A 是 37.5%，计算方法是将两个%C&A 相乘的结果再乘以 100%，转换成百分数即可：（0.75×0.50）×100%＝37.5%。

　　累积的在进行工作（WIP，在制品）置于图中其所指流程块的左边。我们一般用收件箱图标来绘制办公场所的价值流图中的 WIP，而不选用传统的三角形或墓碑形，而且只在有延迟出现的地方才采用 WIP 收件箱图标。因此，假如我们的 VSM 中并未出现收件箱图标，就表明当前状态中没有 WIP。新组建的绘制团队喜欢在所有的流程块中都标注 WIP 收件箱图标，只是在没有 WIP 的时候用 "0" 来表示，参见前文和前面图 3.5。切记，要在三处说明 WIP。

　　假定工作在价值流中推动（push）（与前文解释的拉动（pull）相反），所有流程块用虚线 "推动箭头" 连起来。假如工作在两个流程之间是 "拉动" 的，就选用合适的拉动框，正如附录 A 图标汇集中所示的取料图标一样。图 3.8 解释了上述信息。

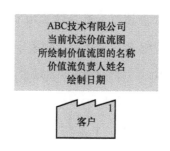

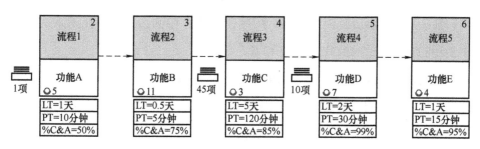

图 3.8　价值流图的渐进构建：流程细节

到目前为止，你的价值流图应具有如图 3.8 所示的信息。

绘制信息流

领会信息如何在价值流中进行流动是确实实现价值流改善的关键所在，因此，必须重视了解支撑或阻碍工作流动的各个系统和应用。特别的是，绘制团队需要识别价值流中每个流程面对的系统和应用，不管是存储、传递数据的系统，还是产生实际工作输出或生成管理报告的系统，也不管这些系统之间是否相互联系。

绘制价值流图能有效可视化地揭示出诸多价值流中存在的技术相关不连续、失效、过量问题。通常情况下，不包括诸如电子邮件和 Word 这样的基础应用软件，但却包括 Excel、"ACT!"和 Access 等（如果它们正用于房产数据或驱动与价值流相关的决策）。

在这一阶段，绘制团队应该将整个价值流中正在使用的所有 IT 系统和应用名称记录在贴纸上，并将其置于客户流程块和处理流程块之间（图 3.9）。IT 系统和流程块由箭头线相连，而箭头方向表示信息流动方向：指向 IT 系统的箭头表示输入数据；指向流程块的箭头表示查阅或检索数据；两端的箭头表示信息在这一流程中既输入又检索。

闪电箭头图标表示信息从一个系统自动流向另一个系统（例如自动上传），或从一个系统自动流向某个人（例如经许可自动生成电子邮件）。同样地，箭头方向表示信息流动方向。图标在附录 A 中列出，而其在未来状态图中使用的实例见于附录 B、C、D 和 E。

通常，本阶段是绘制 VSM 当前状态时具有启发性的一个步骤。对于办公环境或服务场所的当前状态价值流图来说，涉及 5~15 个不同 IT 系统和应用的不在少数（图 3.10）。上文已经提到过，在办公环境和服务场所中，价值流图最强大的作用之一是高度可视化地观察到系统的不连续和过量。事实上，我们

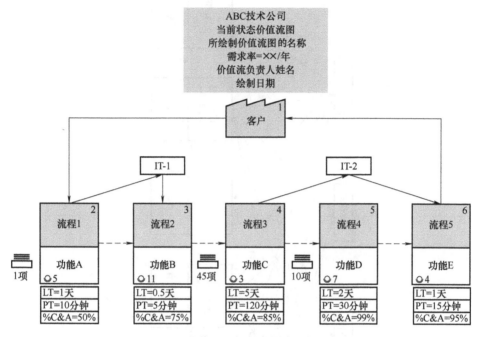

图 3.9　价值流图的渐进构建：信息流

目睹的一些重要的改善可追溯至领导层的"顿悟时刻"，即他们观察到其信息系统的复杂性，以及由于不连续、缺陷和过量而导致的过度处理、差错和运作混乱等问题。用高度可视化的方式反映当前状态并透视 IT 系统是如何支撑或阻碍业务流程的，能使问题明了化，这是许多组织所缺乏的。

时间线和绘制价值流总图

绘制 VSM 当前状态的下一步是确定时间线，它表示价值流的流动程度、组织向客户交付货物或提供服务的速度，以及整个价值流涉及的工作量。

如图 3.11 所示，时间线直接置于相关贴纸下方。方便起见，可以在图纸上画一条向下的直线，不必画 iGrafx 软件中的"方波"型时间线。时间线上应包括处理时间和交付周期。尚未将 PT 和 LT 的计量单位转换一致的，此时可以完成这一步。切记，在图中要标明时间是按营业小时、营业日，还是按时钟

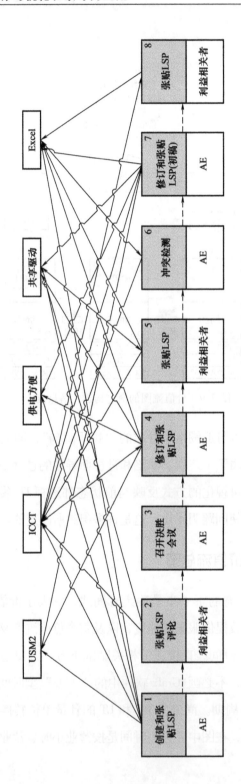

图 3.10 复杂信息流

小时、日历天来表达的（例如，24 小时等于 3 个营业日而不是一天），以便所有人都能确切理解清楚。

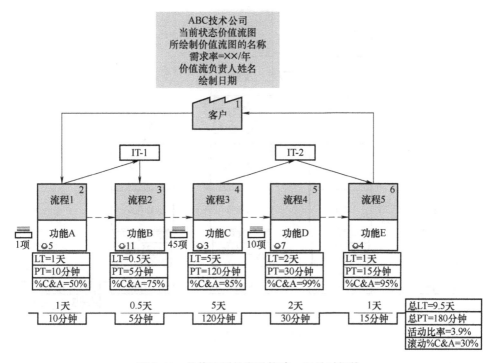

图 3.11　价值流图的渐进构建：汇总时间线

对于并行流程，处理时间和交付周期记录在同一张贴纸上（或一连串贴纸上），都上下排列入时间线。在工作融入主干价值流之前，只有一个并行流程块的图上，可将记录最长交付周期的并行流程块的贴纸选出来，将其交付周期和处理时间的数值计入时间线中。假如具有最长交付周期的是"终端流程"，也就是说某一特定流程的输出不沿着价值流流程，即可不采用这一最长交付周期，退而求其次，这是一个例外情况。"终端流程"的实例包括创建内部管理报告以及评估已经交付给客户的工作等。我们把具有最长交付周期的路径称为"时间线关键路径"。

对于并行路径不止一个流程块的价值流图，应该计算、比较每一个路径总的交付周期，而数值最大的并行路径就是"时间线关键路径"。这一路径的流程块的交付周期和处理时间都计入总的时间线。图3.12示意了这一点。

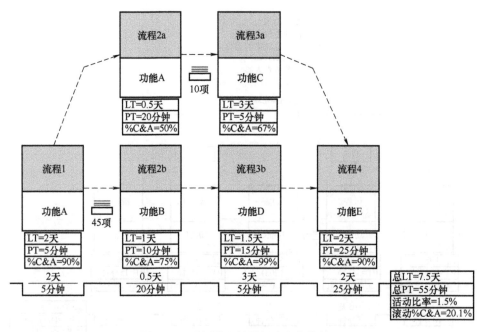

图 3.12　时间线上的并行流程块的处理

计算各总指标

接下来，绘制团队要汇总整个价值流的指标。我们建议至少汇总下述的前四个指标。

（1）总交付周期（Total LT）

这一数值表示交付客户需求的总时间。切记，如果存在并行流程（同时存在的作业活动），总交付周期包括的是各个并行流程中最长交付周期的数值。这些最长交付周期的流程构成了价值流中的"时间线关键路径"。

（2）总处理时间（Total PT）

这一数值表示价值流中"时间线关键路径"上所有功能的工作总量。

（3）活动比率（AR）

这一数值反映价值流的流动程度。其计算方法是总处理时间除以总交付周期，再乘以 100%，换算成百分数：

$$总处理时间/总交付周期×100\% = 活动比率$$

$$3\ 小时/76\ 小时×100\% = 3.9\%$$

常见的是当前状态的活动比率在 2% 到 5% 之间，这就表明虽然人们非常忙碌，但价值流总时间的 95%~98% 中工作是空闲的，用来使工作流过价值流。这一发现虽不尽人意，但能让人们打开思路，认识到改善的必要性。这是另一种在变革路途上减少阻力的技巧。

（4）滚动完成并准确率（Rolled %C&A）

这一数值表示整个价值流输出质量的复合效果，计算方法如下（下标数字表示流程块标号）：

$$(\%C\&A)_1×(\%C\&A)_2×(\%C\&A)_3×(\%C\&A)_4×100\% = 滚动（\%C\&A）$$

$$(0.50×0.75×0.85×0.99×0.95)×100\% = 30.0\%$$

与活动比率相似，当前状态滚动 %C&A 也不尽人意。负责某一流程的团队成员报告说收到必须用 100% 的时间进行返工的输入（%C&A = 0），这种情况很正常。即使不存在这么糟糕的情况，在办公环境和服务场所，很多价值流当前状态的滚动 %C&A 也只有 1% 到 10%，也就是说价值流的某些点上，90% 至 99% 的运作需要返工。包含并行路径的价值流中，滚动 %C&A 包括 VSM 上所有流程块的 %C&A。

（5）总劳动处理时间

这一数值表示价值流涉及的所有功能所需的工作量，用于计算 VSM 未来状态设计时因处理时间缩短而产生的容量增加。总劳动处理时间是 VSM 上所有流程块的处理时间总和，包括时间线上的关键路径流程块，以及其他并行路径流程块，即使它们属于"终端路径"的一部分。

（6）总劳动工作量

这一数值表示所绘制价值流范围内完成工作的总劳动量（按年计），计算方法是总劳动处理时间乘以价值流客户每年的需求次数。

劳动工作量可用价值流运作所需总时数表示（如上计算方法），也可用全职劳动工时（Full- time equivalents，FTEs）的对等数值或价值流中员工的周薪、年薪平均值来表示。全职劳动工时计算如下：

$$\frac{每次客户需求的总处理时间（小时）\times每年需求次数}{每年每个员工的可用工作小时数}=FTEs$$

$$\frac{每次需求 3.0 小时\times每年 25000 次需求}{每个员工每年 1850 小时的可用工作小时数}=40.5FTEs$$

计算 FTEs 的公式中的关键因素是每年可用的工作小时数，首先要算出每年支付小时数（有些机构中，员工每周的支付小时数为 40 小时，那么可用工作小时数就是 2080 小时）。计算方法是总支付小时数减去缺勤小时数（休假、节假日、病假和带薪休假），还要减去其他一些常规的耽搁工作的时间（例如，每日 30 分钟的例会时间）。我们通常不包括其他类型的会议时间和培训、复印耽搁的时间等，这是一个直接的计算方式，我们只求准确，不求精确。

你可能会意识到，可用工作小时数的计算在 VSM 未来状态设计中能发挥重要作用，因为团队成员能借此发掘出减少劳动量的方式方法。"释放容量（freed capacity）"的出现是因为浪费活动的减少或作业优化而带来的处理时间缩短而引起的。对于不想增加相应的劳动成本却希望增值的机构来说，释放容量是一个重要目标。第 4 章会详细讨论释放容量的原因和益处，以及如何以可靠的方式利用其益处。

我们建议绘制团队准备一个表格（类似表 3.1），绘在挂图上或图纸的空白部分，来展示当前状态的关键汇总指标，以及未来状态的预测指标。

表 3.1 当前状态价值流的基本绩效指标

指标	当前状态	预测的未来状态	预测的改善比例（%）
总交付周期	9.5 天		
总处理时间	180 分钟		
活动比率	3.9%		
滚动%C&A	30.0%		
用户定义			
用户定义			

虽然汇总指标在很大程度上体现了价值流的运作状况，但也许还需了解其他一些指标——与时间相关的指标（话务中心的通话时间）、服务（按时交付货物的比例）、财务状况（重复销售的比例）、与人员相关的指标（病假人数或转行人数）等。表 3.1 中的"用户定义"用于提醒大家每一个价值流都有其特定的运作需求，这取决于绘制 VSM 要解决的业务问题是什么。

应用多重汇总时间线

VSM 绘制还有另外一种方法，即包括特定的试制生产（或提前服务）环节，是 Beau Keyte 和 Drew Locher 在《完全精益企业》一书中首次提到的。有别于连续性的直线形图，这一方法采纳多重汇总时间线，可视化地区分提前服务（或试制生产）活动和实际交付服务（或产品的实体生产），如图 3.13 所示。提前服务流程块通常包括：输入订单、处理需求、生成报价、准备客户需求文档、调度实际服务流程等。

当选用这一方法绘制时，可将客户图标置于图纸右上方，将提前服务流程块沿图纸上方从右到左排放，而表示实际交付或产品实体生产的流程块从左到右置于其下方。

其次，绘制多重时间线。为了使 VSM 更为直观，一般将提前服务或试制生产时间线置于其对应的流程块上方，从右到左流动。时间线汇总方框一般置于提前服务时间线的左侧。

第二个时间线表示交付服务或生产产品实际需要的工作，其绘制方法类似本章已经讨论过的时间线绘制方法，即置于流程块下方，从左到右排放，其汇总时间线方框置于右端。

然后，在两个汇总时间线方框中可填入数值，从而汇总完整的价值流，表明客户从提交需求申请到获得产品或服务的全流程。

在有些情况下，我们在图的底部增加第三排流程块和第三个时间线，表示售后服务活动，即从交货到付款这一阶段的需求。把这些流程块综合到一起就形成了一个真正的"报价—现金"的价值流图。

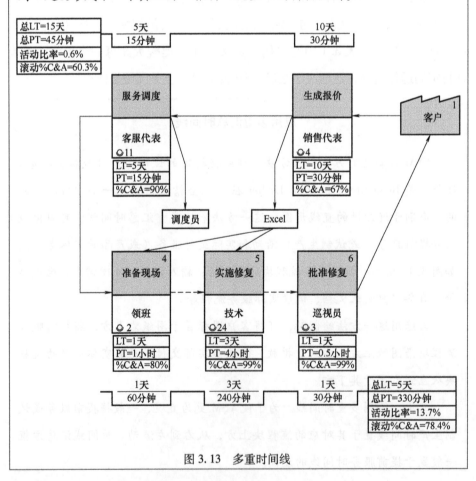

图 3.13　多重时间线

将图纸划分为多个区块有诸多好处。视觉上，这种布局有助于读图者直观地看到完成客户需求的各个阶段。从后勤保障角度来看，这种布局可更好地利用对于 VSM 可用的"真实资产"，不论是墙上的还是纸上的。同时，从改善角度来看，这种布局有助于强化绩效出现问题的特定部分。我们曾经接受过一个委托，生产的交付周期由 10 天减少到 2 天，但试制生产时间为 6 周。凭借两行的图，能清楚地看到所需的改善应聚焦在前端活动。

附录 B 中的 VSM 表明了多重时间线的变化形式，因为价值步骤中包括"试制生产"，而这些步特意没有计入汇总时间线当中，附录中解释了未计入的原因。这时，团队认为无须增加第二个时间线。

还有一种分析价值流中不同部分的时间、质量指标的方法：插入垂直线，直观地分割流程图。例如，"报价—现金"价值流图可划归至销售、运作和结账部分，从而进行进一步的分析，而且每一部分指标的分析可参照上述方法。○

获得深刻且全面的了解

总的来说，绘制当前状态 VSM 可看作是一项探索性活动。就像 CSI 侦查员一样，VSM 绘制团队成员的任务是揭示"真相"：当前状态价值流的设计和运作状况、阻碍流动或运作的障碍。团队也可能希望采用其他手段来帮助发现问题点和改善的机会点，例如，意粉图（spaghetti diagram）可描述人力的活动、材料的流通状况、信息的流动和通信模式；员工调查可了解工作满意度和

○　我们通常使用 iGrafx 软件对使用纸张和贴纸制作完成的价值流图进行归档。iGrafx 软件目前在未单独创建文中所述时间线时，不支持为流程图片段创建汇总过程块。使用该软件时，我们为每一个片段手动添加汇总流程块。

参与程度；照下或录像工作是如何完成的；采集工作输出的样本，等等。有时也可将样本用胶带贴在 VSM 图纸上。要旨是：团队不可局限于亲历现场获取的信息，必须深刻理解当前状态。

值得再次重申的是：创建 VSM 既是一门科学，也是一门艺术。切记，VSM 用作可视化故事板，不仅阐释工作是如何完成的，而且揭示问题点的所在。因此，当前状态 VSM 应该尽可能准确地显示客户需求是如何转化为产品或服务并交付给客户的。图 3.14 列出了绘制当前状态 VSM 时的一些常见发现。

如第 1 章所述，我们在 VSM 绘制的每一阶段末尾召开简报会是很有益的。其益处是：构建改善的支撑；促进领导团队达成一致；提供机会，使更大范围的群体见证绘制团队观察到的情况，并了解团队对价值流当前运作状况的理解情况，而全体员工的深刻理解有助于减少未来状态设计决策的障碍。尽管当前状态的简报会常常不尽人意，但这是心理转换过程的一个缓冲阶段，有助于人们接收变革的观念，促成未来状态中"革新"的思维方式。这是第 4 章论述的主题。

• 回路	• 标准作业记录缺失
• 不必要的切换	• 检查（评估、认可、审计）过于频繁
• 由于差错、缺乏清晰度而进行的修正	• 人员过于专门化
• 批处理	• 现有技术利用不足
• 功能缺失或介入过早、过晚	• 技巧利用不足
• 过量的活动	• 过度合规
• 作业方式变化过多	• 由于平衡多项职责导致的延期
	• 推动式和过负荷

图 3.14　绘制当前状态 VSM 时的常见发现

第 4 章

设计未来状态价值流图

　　VSM 绘制团队深刻理解了当前状态后，应立刻进入未来状态的设计过程。假如团队成员对当前状态的问题点再考虑一个晚上的话，开始未来状态的设计时，他们很有可能既充满激情、又满怀担忧。未来状态的设计阶段的放下过往和对明天的期待，使本阶段充满生机活力，特别是在当前状态充满了改善的问题点和机会点时。毕竟，减少客户的抱怨、减少"救火"、减少部门之间衔接的障碍，这些运营能力的设计会让团队领导和成员看到巨大的希望，因为他们可能正时刻感觉到价值流的不尽人意带来的压力。当然，很难做到完全放下过往的限制，对于新手来说尤甚。

　　由于未来的无止境性，以及有许多殊途同归的方式方法，所以并不存在唯一的所谓"正确"的未来状态价值流图。事实上，假如允许两个不同的团队进行绘制工作的话，极有可能出现的是两幅截然不同的未来状态图，而且均能达到改善目标的要求。未来状态价值流图无法完美，这一事实可以些许慰藉一下新手，但不确定性也会导致相当的焦虑。这正是经验丰富、技巧娴熟的引导师的价值所在。未来状态图的设计阶段一旦开始，工作重心就发生变化：从寻求事实和发现问题点转为创新、创造解决问题的方法。因此，引导师的角色也有变化：从指导团队的教练，揭示、分析"是什么"——大脑左半球的活动——转为激励团队的教练，创新、设计"能是什么"——大脑右半球的活动。技巧娴熟的引导师可轻而易举地完成这两个角色的转换。

未来状态的设计：概述

开始考虑 VSM 未来状态的设计时，一般假定组织正在向客户提供和/或产品和服务，这些产品和服务是客户认可有价值的。显而易见，耗费大量时间和资源改善价值流图，却不能提供客户想要的产品，是一件毫无意义的事情。与委托人和改善专家合作时，我们陷入的误区之一是认为精益的唯一目的是创造流动。虽然在创建高绩效价值流时流动至关重要，但把"错误的工作"流动起来只是浪费资源、耽误时间。从宏观角度来看，在未来状态设计阶段，应该考虑三个问题：明确应该做什么工作、使工作流动起来、组织开展好工作实现持续改善。

在具体实施未来状态设计之前，认真思考一下上述三个问题，首先是确定"正确的工作"：价值流的运作达到最优化，需要怎样的流程和步骤？

确定"正确的工作"

切记，我们把最优化运作定义为用如下的方式向客户交付价值：组织内部未出现不必要的花费；工作的流动未出现拖延；组织的所作所为完全遵守地区、州、联邦的法律；组织能够满足客户提出的所有要求；雇员的安全得到保证并受到尊重。也就是说，工作设计时要消除延迟、提高质量、降低不必要的成本、减少劳动量、缩减障碍点。

在精益组织，改善活动直接通过消除浪费（muda）、不均衡（mura）和超负荷（muri）来增加价值。如第 3 章所述，浪费现象主要有 8 种：制造过多的浪费、过分加工的浪费、不良的浪费、库存的浪费、等待的浪费、搬运的浪费、动作的浪费以及人员未充分利用的浪费（涉及工作经验、知识结构、技能和创新性）。

大多数价值流都存在可消除的大量浪费，而重要的是要记住消除浪费的两种方法：减少工作和增加工作。对于那些把"消除浪费"误认为是简单的"减少活动"的人来讲，增加工作被看作禁忌。但以下的论述可表明，如果上游增加的某项活动可以给整个价值流带来净收益，就要去增加。

同样，为了达到整个价值流最优化运作这一最终目标，某个部门也许应该承担附加工作或增加人力、重新分配权力、放弃现存的某项工作或人员、丢弃某些设备、再次分配人员的任务等。这种改变使得约定俗成的心理定式和行为方式面临挑战，主要表现在以下几个方面：资源分配，预算创建和管理，问题解决，改善。接纳价值流思维是一个组织成功转换思维的标志：从孤立思维（对我和我的团队最好的做法是什么?）向整体思维的转变（对客户和公司最好的做法是什么?）。改善价值流需要团队精神，以及绘制团队成员应以实现最优化的设计为使命。

消除流程和流程步骤

从价值流程中剔除某项工作任务——假定这一做法并未导致需要完成一项更加费力的工作——你就减少了运作成本。我们发现，在 VSM 未来状态的设计中，哪一个流程可以被剔除掉是一个容易达成一致的问题。引导师应该提示缺乏经验的绘制团队：不可为了达到剔除的目的而减少工作，只有确定其的确属于不必要的范畴之后方可剔除。

如第 3 章所述，所有的流程活动（工作）划分为增值活动、必要非增值活动和不必要非增值活动。从优先顺序上来说，绘制团队应该首先专注于减少不必要非增值活动，随后剔除必要非增值活动（想方设法将看起来属于必要非增值的活动转换为不必要非增值活动），最后减少进行增值活动的工作量。在罕见情况下，团队是可以同时完成这三项目标的，但由于时间所限必须有所取舍的话，我们建议采用以上顺序逐一实施。

剔除某一工作量，团队不仅需要取消该工作活动，而且要消除其存在的"必要性"。例如，想要剔除"检测"这一步，而它是确保质量的一步，那么在未来状态的设计中，就需要包括源头侧质量的改善，把"检测"这项活动的需求消除掉。假如团队想要缩减批处理，就首先要剔除各种各样产生批处理的原因，比如人员配备、系统、设备、环境、思维限制等。

在高度独立办公场所和服务环境中，缩短不合理交付周期的成功方法一般是减少传送时间。为了实现这种流线型流动，可能需要交叉培训员工，设计出稳健的流程管理系统，确保不必要的传送不会再潜回到价值流中。

IT 系统、应用程序以及它们中的各种事务处理提供了减少流程活动的机会。在 VSM 当前状态发现问题点阶段，往往不会意识到工作团队将数据输入 Excel 表、数据库或程序的工作是遗留的流程，已经不再必要。或者说该活动也许有必要进行，但可凭借现有的程序或系统更为高效和有效地完成，因为其处理能力更强，或者与组织已经依赖的 IT 系统族更易集成。我们的绘制团队坚持的格言是："先创新后投资"，通常可发现未被开发的潜力，不仅涉及人力，而且还包括现存的 IT 程序和系统。

常见的做法是迫于压力从微观角度开始改善价值流，而且着重于缩短处理时间。然而，当团队保持宏观视角时，会出现一个有趣的现象：处理时间的缩短促使 IT 系统和障碍点在宏观层面呈现。引导师需要不断提醒绘制团队：将改善重点放在宏观层面，消除价值流中显而易见的浪费现象。通过更小的 PDSA 循环系统实施改善计划，确定、记录标准作业时，随后可去除"杂草"（流程层的分析）。

切记：缩短处理时间可释放容量（人力）。如果释放容量导致人员下岗，就会产生意想不到的、消极的影响。通过持续精益改善取得辉煌成就的公司通常事先做出承诺：剔除流程活动不会导致裁员。因为是这份工作属于非增值活动，而不是员工。如本章后续所述，各种各样、效果明显的方式方法可供组织选择来平衡被释放的容量。如果释放容量导致裁员，表现出的是不尊重，必然结果就是员工对进一步的改善活动骤然丧失兴趣，无法顺利完成未来的价值流改善任务。切记，在办公场所或服务环境中，人工费用通常占总预算的80%或更多。为了提高利润，劳动密集型组织必须想方设法吸纳、完成额外的工作，在没有雇用相当数量员工的情况下，创造更大的收益，即随着时间的流逝，不断提升收益费用比。减少处理时间，从而释放容量，应该成为改善价值流的目标之一，不论事先详细说明了这一点与否。但是必须重申的是，处理好其他问题（比如过低%C&A、多余的流程和系统）也可自然而然地导致处理时间的缩短。

当然，也会出现极少数的例外情况：裁员是企业存活的唯一方式（比如极端市场条件）。这时，应在实施改善活动之前，组织进行人员裁减，因为改善活动需要人心稳定的氛围，只有这样，参与人员才可能做出创新决策。如果精益活动已经启动，但市场条件恶化导致不得不裁员的话，必须确保和员工的清晰沟通：裁员并非因为改善活动，而是因为市场因素。如果人们患得患失，唯恐因为连续的改善活动而失业，那就难以实现高水平的成功。

增加流程和流程步骤

为了达到预期目标，给客户提供更大的价值，缔造一个强健的价值流，VSM 绘制团队有时需要增加流程或流程步骤。经验匮乏者也许会说，增加流程活动等于增加了价值流的劳动量（成本）和交付周期，然而事实并非如此。例如，价值流中增加了有效的客户信用核查或一些筛选过程后，节省的劳动量可用于收集闲散客户的货款。

切记，如果整体上缩短了处理时间和交付周期，客户体验已经提升的话，价值流的设计阶段就堪称成功了，即使某一特定部门内部所需时间和人力增多了。这是在整个价值流的设计过程中引导师都应时刻提醒大家的一点，这是与许多家公司的想法和做法相悖的。直到整体思维开始取代孤立思维时，改善价值流的活动才更具挑战性。⊖

还有一种需增加工作量的情况是，VSM 绘制团队认为有必要在价值流中增加检测（哪怕只有一段时间），以防止交付给客户时出现差错。显而易见，检测属于非增值活动：客户的期待是第一时间获得高质量的产品或服务。但是，一些检测可能属于必要的非增值活动，直至来源侧质量稳定及其管理过程稳定。谈到质量问题，团队的着眼点应该是剔除检测的"必要性"，而非检测活动本身。

谈及某一价值流是否需要增加新的流程，切记一点，不可给陷入瓶颈的流程增加工作。因为增加的目的是解决问题，而非恶化局面。增加流程需要价值流上游、下游的改善协同，方可全面提升运作绩效。

确定"正确的工作"需要开放思维，团队成员愿意改变现有模式。精益的关键格言"最小付出、最大收益"应作为 VSM 绘制团队每一步的行为准则。团队成员在思维上要大胆，只保留真正增值或对业务运作绝对必要的流程。所有其余的均为浪费。

使工作流动起来

第二步必须考虑如何使"正确的工作"在价值流程中流动起来，没有延迟现象，不出现不必要的工作量或费用。牢记目标：尽可能速度快、耗费少地

⊖ 凭借改善活动在取得巨大转型收益的组织，做到这一点（整体思维取代孤立思维）依靠的不仅仅是帮助人们转变思维方式。改善后的行为方式也发挥了作用，在我们对行为进行衡量时，大多数人会遵照执行。因此，组织长期存在的许多行为方式必须发生转变，必须将整体思维乃至行为方式，纳入组织的 DNA 中。组织的如下方面需要进行变革：预算的构造、开支的追踪、绩效评审的实施、奖金的分配等。精益管理绝不局限于运作设计和特定工具的使用。

交付高质量的产品。这是 VSM 绘制团队在发现当前状态问题阶段制定绩效指标的基本准则。目的是在组织成熟度和改善时间框架允许的情况下尽可能积极地"移动数据"。

对于诸多价值流来说，仅凭确定"正确的工作"就可加强流动，逐步达到可测的目标状态。然而，最具有成效的提升还是源自有目的地创建流动。理想情况是价值流中的"工作项目"永不停止，从一个人到另一个人、从一个团队到另一个团队、从一个部门到另一个部门、从一个分支到另一个分支，工作不费力地传递下去，没有搁置、没有停留、没有障碍、没有拖延。在这一点上，团队成员应该自问一个关键问题：在每个流程块中，到底是什么原因阻止了交付周期和处理时间一样？也就是说，表面上看流动的障碍点是什么？导致障碍点产生的深层根原又是什么？

例如，当前状态的批处理（周数据传送、每日测试、每 4 小时的切换、每周两次的交付、年度绩效评估等）也许导致了流动的一个障碍点。在实施消除批处理活动或缩小批处理规模的改善活动之前，团队成员需要去了解并且消除批处理的理由（根因）。这些原因可能在价值流中足够宏观一眼即可看出，故可将消除根因纳入未来状态的设计当中。或者这些原因太微小了，无法在 VSM 绘制中揭示。在这种情况下，绘制团队可注明有探究减少批处理及其规模的必要性，把这一问题留给随后的改善团队，由他们确定根因，并由他们明确应该如何解决批处理问题。

理想状况是：VSM 绘制团队设计的未来状态中，每一个流程块的交付周期（LT）更短、处理时间（PT）更少、%C&A 更高。这当然不太现实了。但不管怎么说，整个价值流的总处理时间、总交付周期、滚动%C&A 都应该有明显改善。大多数情况下，交付周期的缩短力度强于处理时间。精益活动尤其把交付周期看作是主要的改善指标，致力于缩短交付周期可促使问题点浮上表面。对这一点我们坚信不疑，我们也相信处理时间的缩短是关键的第二步，尤其是在办公、服务和知识工作场所。然而，正如本章前文所述，组织推动容量释放极其重要，而处理时间的缩短可实现这一点并促进效益增长，不会被当作减少劳动量从而导致裁员的活动。

实现"正确的工作"的流动有许多方法，其中一个就是采用经典的精益措施和改善工具，其中的几个在本章后文会讨论。还有一些方法，包括将先前的连续流程转换为并行活动；将任务合并从而减少切换（可能需要多项技能的培训，工作的重新排序或重新规划以确保下游的接收者的工作效率更高）；对工作重新排序（有些提前做、有些推后做）；在内部供应商和客户之间建立服务级别协议，等等。

释放容量能实现的成果

劳动密集型企业提高收益-劳动力比率最重要的方式就是释放容量。然而，释放容量不可导致裁员。释放容量可使企业成功实现以下一个或多个成果：

- 纳入额外的工作，且并未增加员工；
- 减少带薪加班时间；
- 减少临时员工或合同制员工；
- 将外包工作转为内部工作；
- 工作时间缩短，工作和生活的平衡性更佳；
- 节奏慢下来，思考时间增多；
- 节奏慢，工作压力小、更安全、质量高；
- 创新能力增强，创造出新的收益源；
- 实施持续的改善活动；
- 进一步了解客户（他们真正重视什么？）；
- 构建强有力的供应关系；

- 指导员工提升关键的思维方式和解决问题的能力；

- 指导员工创建事业提升机遇；

- 提供多项技能培训，使企业更具有灵活性，增强员工的工作满意度；

- 尝试新工作，努力提高能力；

- 部门之间、分支机构之间建立更强有力的协作关系，提升合作意识；

- 通过自然减员缩减人力成本。

管理好工作的开展

第三点必须考虑的驱动未来状态设计的重点是改善活动的持续稳定实施，并将持续不断的改善活动内置入价值流。在未来状态设计阶段的某些时候，绘制团队必须考虑两个关键性的问题：（1）如何确定价值流会如你所愿地运行？（2）谁来监督、管理价值流的运作？不少组织改善活动失败，原因就在于缺乏强有力的管理、评估体系，没有满足实现持续改善活动的这两项基本要求。

每一个价值流都需要 2~5 个关键绩效指标（KPI），定期进行考核。KPI 是主要的量度，反映价值流的运作状况，并可根据价值流和特定目标条件的需要进行调整。常见的 KPI 有质量、成本、交期（速度、服务）、安全和士气方面的。还有一些 KPI，与财务、客户、供应商、员工队伍、合规性等相关，也经常使用。本书中提及的价值流指标也可作为 KPI，而大多数价值流也受益于其他一些指标，例如：转换为销售的报价百分比、接受雇用的百分比、按时交付的百分比等。你必须明智地确定：能够准确反映价值流的整体运作状况的 2~5 个指标是哪些？

我们已经看到，价值流内的许多流程自身需要 2~5 个 KPI，从微观级上来考察其运作情况。如果每一流程按所设计的运作的话，价值流也就按所设计的运作。问题是大多数的组织既没有设定价值流 KPI（切记，大多数组织甚至没有定义价值流，更不用说绘制 VSM 或主动改善），也没有定义每个流程的

KPI。这就解释了大多数组织经常出现的一些现象：始终处于"救火"状态；无法争取更大的市场份额；无法获取最大的效益；员工精疲力竭；组织自身造成不少混乱，而这些是可以避免的。假如缺乏考核指标，如何能确定价值流的运作状况呢？更何谈进一步改善呢？

设定KPI并积极地管控KPI，是实现最佳运作状态的基本要求，其中关键的是"积极地管控"。设定KPI是一回事，利用KPI驱动决策和改善活动又是另一回事。

在VSM绘制过程中，团队必须确定：哪些KPI可用来监测、管理价值流；谁可完成这项任务。价值流运作状况的监督工作需要由单一人员——一个价值流管理者——而不是像许多价值流的当前状态那样由多个领导者来完成。第6章陈述价值流管理者的角色和责任。

开始设计未来状态

我们已经发现，VSM未来状态阶段的工作在遵循井然有序的一系列活动的同时，尤其对于新VSM绘制团队来说，还应稍微带着"开发西部"的创新思路（不受限制、无法解释的"猜想"），力求团队创新灵感不断涌现，打破陈旧模式，创造方式方法实施有目标且大胆的改善措施。

审查章程

为了使绘制团队着眼于紧要任务，在未来状态设计的初始阶段，我们再次审查章程，从而使团队成员牢记他们要致力于创建的目标状态。同时，再次回顾已设定的绘图活动的范围，在开始设计未来状态时将其牢记在心。

如第2章所述，缩小范围对绘图工作益处多多。其中一个就是有助于绘制团队迅速进入未来状态图的设计中，因为假如在特定范围、特定条件下展开工作，团队更容易集中精力，改革创新。在涉及"范围"的章节提过一个观点：一旦未来状态设计开始具体化，大多数绘制团队就可发现既定措施⊖在价值流中的适用比例大大提高，而不仅仅限于章程中设定的狭窄的一系列条件。这一点在本章后文会进一步讨论。这也是为什么要从宏观层面来回顾、审查工作进程，其价值所在。由于过多关注流程内部的多样性、多变性，绘制团队工作经常受阻，而价值流图揭示的是宏观层面的相似性，而非不同点。

经常出现这样的情况：VSM 当前状态图只适用于 15% 的工作，而未来状态图适用于 90% 的工作。例如，贺卡制造商的企业范围活动的 VSM 当前状态图只出现 10% 的库存单位（SKU），而未来状态设时记着这个 10% 的库存单位，结果却高达 80%，其中只做了些许改变。流程步骤（不同的产品系列）的重大改变导致需要用流程图解决另外 20% 的库存单位。

同样，软件开发 VSM 当前状态图只处理了 25% 的工作，而未来状态则是 90%。附录 B 门诊患者影像处理问题中，当前状态图只适用于 CT 扫描，而稍微调整一下，未来状态图也适用于传统的 X 射线、MRI 和 PET 扫描以及乳透。如第 2 章所述，在制定章程时，你可能不得不违背领导者的意愿，缩小当前状态的绘制范围。而一旦进入未来状态的设计阶段，大家就会看到这一做法的高度有效性，有利于顺利完成紧要任务。

审查当前状态的问题点

审查章程之后，团队应该审查当前状态发现的问题点。如果当前状态记录工作的完成和未来状态设计阶段的开始之间有一段时间差（也许只有一个晚上），团队可以指派专职人员从头到尾仔细审查流程图，对团队进一步强调出

⊖　这里所说的措施还处于预测状态，当其用于一个整个 PDSA 改善活动的循环，并有效解决了某一问题点的时候，即真正成为改善措施。

现的主要问题点和浪费现象，以及汇总的指标。这一做法可确保绘制团队各位成员时时刻刻念及目标状态和当前状态。

引导师还需提出如下警示：些许的调整无法实现目标指标，只有大胆、实质性的变革才能改善价值流的运作状况，达到大多数组织的要求。假如绘制团队对于大胆地重新设计工作系统不熟悉，且身处于充满忧虑和恐惧的文化氛围中，就要请执行发起人再次对团队重申他或她对于团队设计出广泛改善未来状态能力的信任。这项活动可在第一天结束时的情况发布会上进行。

同时，在记录当前状态运作状况的时候，我们也督促团队成员时刻审查设计想法，还要关注一些在设计开始前、进行中其他人提出的一些想法。

相关改善措施简介

假如团队首次绘制 VSM 或首次使用精益方法设计无浪费的工作系统，我们就要审查团队提出的改善价值流的措施。基于价值流的特定性能和当前状态的问题点，我们着重考虑紧密相关的措施。

很多情况下，仅仅将基本措施——作业标准化、管控源头质量、布置可视化管理——贯穿整个价值流就已效果显著。例如，交付周期缩短 75% 或更多，劳动量（处理时间）降低 25% 或更多，质量收益超过 100%。一旦有了稳定的流程系统，工作进程即可深入和加速，而研发这种稳定性也是价值流图的终极目标。对于很多办公场所和服务业价值流来说，实施这三种改善活动需要花费数月时间，也有可能贯穿整个价值流改善活动第一个周期。

还有一些时候，我们向团队推荐拉式系统、批处理减少、均衡加载、节拍时间的工作平衡、单元化或代管、分割工作、多技能培训、自动化以及其他一些工作设计方法和管理方法。当然，假如条件许可，我们协助团队成员构建基本措施的同时，也借助上述改善工具。例如，如果存在批处理，我们就竭尽所能让团队充分理解批处理带来的问题，探究各种方式在未来状态中缩减批处理规模，乃至彻底剔除批处理。对于拉式系统也可如此。如果两个功能区域的工作紧密相关联，但布局位置上却又相距甚远，我们就协助团队想方设法解决距离问题。有时，我们建议团队构建跨职能工作单元。

但是我们不会做的，提醒你也要规避，即不要追求高级的工具，比如价值流中的各种"干扰"还未剔除之前就急于构建工作单元。当然，理想状态是"剔除"和"构建"两个问题同时解决。流程已标准化、考核评估已常规化、改善已持续化的价值流为选用更为先进的设计方法做好了准备。但是，通常出现的情况是很多组织和顾问急于求成，在选用高级工具时遇到强大的阻力，因为这些团队还不具备能力，不能预测能生产出毫无误差的产品，有些产品还是会连续地放置一边达数天乃至数周。虽然只采用基本改善措施看起来不像高级改善那样迷人有创新力，但成果和持续性才是改善的目标。

实际上，人们并未对大多数办公场所和服务行业的价值流进行条理化的研究，所以仅凭一个周期的价值流分析、改善活动，不太可能完全解决令人烦恼的问题。不管改善需求多么紧迫、引导师多么经验丰富，也不管绘制团队的出发点多么好，存在几年甚至几十年的工作系统在几个月内就完成全部改善是不切实际的。假如有顾问告诉你这有可能实现，千万不要用他来做咨询。变革是需要时间的。

创建未来状态价值流图

完成了 VSM 未来状态设计的初始工作之后，绘制团队应重新张贴一张图纸，为了传递出一种暗示，其大小比当前状态图缩减 30%。如果条件许可，当前状态图也仍然张贴着，直接置于未来状态设计图的上方，这样有助于进行比较，看出流程的来龙去脉。

这个时候，绘制团队成员应该卷起袖子、抓起贴纸、全力投入到工作当中。价值流图设计属于情境依赖型的，所以很难提出特定的一种建议来改善各种各样的价值流，但我们可以分享经验，提供一些普遍性的指导原则。

经常有人问：我们是否应该从头至尾地创建价值流图？答案是不。根据当前状态的调查结果（问题点），最好从交付至客户需求反向进行。如第 3 章所述，反向进行的一个优点是有助于揭示机会和问题解决策略，这可能是常规顺序无法做到的。从价值流末端的交付环节开始，尤其有助于整合拉式系统，因为在这些系统中，下游客户给上游供应商发出信号。有时，也可以把起点放在最大障碍点或管理缺失点。即便如此，对于办公场所的价值流，90%的时候还是应从头开始进行未来状态的设计。

设计问题

VSM 绘制团队成员充分了解当前状态，接连进行绘制工作多日之后，自然而然地进入到未来状态的设计，只要人们勇于挑战价值流运作的现有孤立模式。但对于经验匮乏的团队或引导师经验缺失的团队来讲，最好遵循结构严谨的行事模式。而一旦获取经验，就可选择更为灵活的设计方法，无须循规蹈矩。

下面的一系列问题用于未来状态设计之初。我们将它们归纳为常见问题和特定问题。

常见问题

• 旨在处理的业务问题（服务质量、产品质量、速度、容量、成本、员工士气、竞争规模、新的法规，等等）是什么？

• 客户需求是什么？

• 旨在达到怎样的可测目标状态？

• 哪个流程块可增值或属于必要非增值活动？

• 两个流程之间如何减少延迟时间？

● 如何提高每个流程的输入工作质量？

● 如何减少整个价值流的劳动量和其他支出？

● 如何构建效率更高的价值流（向客户提供更大价值、和供应商的关系达到最佳状态、获得更高的销售转化比例、预算和实际收入比例达到最佳程度、更低的法律和合规性风险，等等）？

● 如何监测价值流运作状况？

特定问题

（1）接触点

● 是否存在多余的或不必要的流程（比如过度审批流程）可消除掉？

● 是否存在多余的或不必要的切换过程（比如单个部门即可完成的工作）可消除或合并？

● 是否需要增加某些流程或切换？

（2）延迟

● 正在处理的工作是否够频繁？是否能够减小批处理的规模或完全消除批处理过程？

● 是否具备足够的容量和资源满足现有的和未来的工作量？

● 如何在流程"瓶颈处"创建更大容量或减少负载？

（3）排序和定步调

● 流程排序是否合适？正在进行的流程在价值流中是不是过早或过晚？

● 关键利益相关者的介入时间是否恰当？

● 某些流程可同时进行（并行）吗？

● 交错启动可改善流程吗？

● 如何平衡工作量以实现最佳流动（合并还是分割流程）？

● 是否需要根据工作类型进行工作分割以实现最佳流动（特定阶段循环

使用指定资源）？

（4）变更管理

• 内部是否存在变更（比如，季度末的销售奖励）？

• 整个价值流中如何平衡工作量以减少流程的多变性，从而实现最佳流动？

• 如何减少客户需求或内部需求的变更？如何更有效地实施必要的变更活动？

• 整个价值流中是否存在普遍的优先原则？

（5）技术

• 是否存在多余的或不必要的技术？

• 现有技术是否充分利用？

• 各系统之间的链接是否实现了数据最优化运作？

（6）质量

• 如何实现价值流中的每个流程的输入都是高质量的？

• 有无进行标准化或防错工作的机会？

（7）劳动量

• 如何消除不必要非增值活动？

• 如何减少必要非增值活动中的劳动量？

• 如何使增值活动最优化？

（8）价值流管理

• 是否需要改变策略以促进价值流的改善？

• 是否需要变革某些组织机构、部门结构或报告机制，从而减少相互冲突的目标，实现资源整合？

• 现有的绩效指标（有的话）是否鼓励预期正向行为、不鼓励负向行为？

• 使用什么关键绩效指标（KPI）来监测价值流的运作状况？

• 谁来监测KPI？监测频率是多少？监测结果向谁汇报？

● 应该设计什么样的可视化系统来协助管理、监测价值流？

● 价值流程内的关键流程是否已确定自身的 KPI、是否已恰当地标准化、是否定期评估并实施改善活动？

VSM 团队考虑这些问题的时候，未来状态图涉及的内容也就随之而具体化。有些时候，团队明确知道未来状态需要达到，或理想情况下超过，提前设定的可测的目标，这些目标应在执行时间框架内实现，而时间框架是在章程形成过程中确定的。这时就可识别出那些改善，顺利地进入下一步改善阶段。

但也有些时候，团队需要进行头脑风暴活动，产生大量的有助于未来状态目标条件实现的措施，而这些条件是在章程形成过程中提出来的。或者，通过优先排序过程决定哪些系列想法更有助于在时间框架内达到目标条件。不管怎样，我们建议选用头脑风暴过程，然后将产生的大量想法放置入如图 4.1 所示的基本优先序列网格中。改善的时间框架是有所限制的，故团队应该选择那些能给价值流运作带来最大效益、最容易实施的活动（网格右上角）。这个网格可作为指导和信条。一些组织经常用有说服力的理由先去解决困难的改善，而

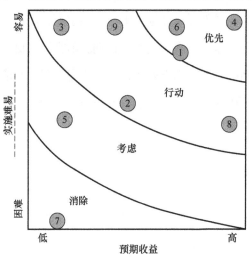

图 4.1　设定优先序列的定步调图

不是先进行一些需要较少资源、时间和劳动量的改善。

团队成员对改善活动进行选择、排序之后，即可进入未来状态的设计过程，并预测未来状态的运作方式。

未来状态价值流图布局

构建未来状态价值流图时，可应用第3章所述的相同的绘制步骤。如果有必要，通常都会有，团队返回现场来设计未来状态或未来状态的一部分。团队成员在贴纸上用"动词+名词"的形式记录各项活动，然后将其按设想的顺序（包括相关并行流程）贴在图纸上。引导师必须提醒各位成员不必关注工作将会怎样完成，在本阶段应该只着眼于清晰描述应该做什么，所以本阶段贴纸上只显示流程描述：没有指标、没有部门名称、没有流程块编号。

接下来，团队应该确定每一流程中哪些功能执行工作任务，以及预测的处理时间、交付周期和%C&A。这时，指标是有理有据的评估标准，由经验丰富、了解事实的专家制定。以我们的经验来看，很多团队常常低估变革带来的影响力，而不是高估结果。虽然尽可能地实事求是是很重要，但每个人必须意识到改善的本阶段有许多重要的未知，有可能改变预期。前文已经提到，重大的变革需要多重PDSA循环；新的发现表明未来状态的预测需要调整的话，就要调整。

然后，团队成员应该设定时间线，计算预期总指标，这些步骤与创建当前状态VSM的步骤一致。还应该将总指标填写到当前状态图绘制时创建的结果表格中，如表4.1所示。[⊖]

⊖ 一般来说，未来状态的总处理时间（PT）和总交付周期（LT）少于当前状态，原因在于工作任务的减少、等待时间的缩短。极少数情况下，也会出现处理时间增加的情况，因为未来状态中增加了一些当前状态缺失的重要活动。虽然目标是实现更高的活动比率，从而反映出更好的流动，但是因为处理时间的增加，或者处理时间减少的比例大于交付周期减少的比例，未来状态的活动比率都可能低一些。请参照附录D的案例。

表 4.1　未来状态价值流运作状况基本指标

指标	当前状态	预期未来状态	预期改善百分比
总 LT	9.5 天	3.5 天	63.2%
总 PT	180 分钟	160 分钟	11.1%
活动比率	3.9%	9.5%	143.6%
滚动%C&A	30.0%	89.3%	197.7%
用户自定义			
用户自定义			

下一步是注明实现所设计的未来状态需实施的改善活动,用"改善爆炸图"(用不规则的图框在未来状态图上描述需实施的改善活动)表示出来。我们常在当前状态图上看到"爆炸图",但最好把它们放在"蓝图"上,即你致力于构建的未来状态图上。未来状态图最终要广而告之,张贴出来,你想展示的是价值流的未来状况,以及为达到此未来状况需要进行的变革。而当前状态图仅仅揭示:价值流的当前状态。

大多数情况下,改善爆炸图应该描述一般意义上的改善活动(做什么),而不是特定意义上的(如何做)。切记:价值流图绘制是战略性导向活动,属于宏观 PDSA 循环的一部分。设计、实施具体改善活动需要一系列微观 PDSA 循环以及一线员工的广泛参与。你需要的是那些能够设计战略层级改善活动的实战人员,而不是远离操作现场的领导者来确定实现目标状态需做的工作。例如,VSM 团队可能发现作业需要标准化。这时,改善爆炸图应该准确表明:标准化作业。实施改善活动的人员就会根据爆炸图(指示、边界所示)确定标准化作业的形式:减少差错的清单、可视化并准确的 SOP(标准操作程序)、作业指令模板等。还需注意,改善爆炸图包括一些假设,需在并入价值流前就启动其 PDSA 循环。如图 4.2 所示(即第 1 章图 1.4),爆炸图应置于所指流程块的旁边。

未来状态图的设计需要创新思维、批判性思维——与深刻理解当前状态的

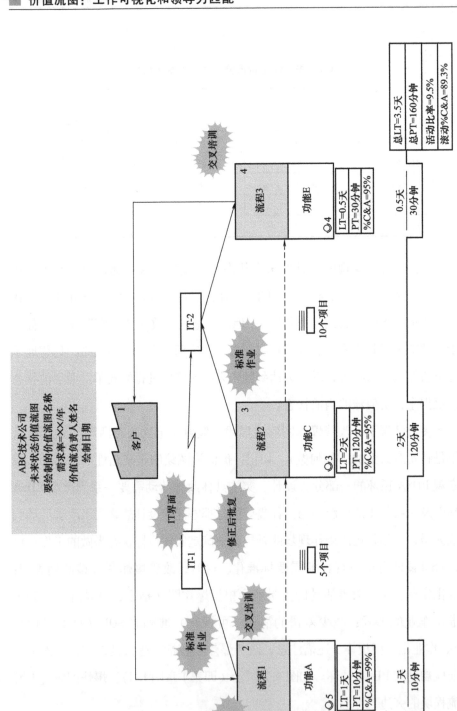

图 4.2 基本的未来状态价值流图

思维方式截然不同。根据组织的要求，设计改善状态图需要不怕艰难险阻、勇于创新的气概，因为挑战根深蒂固的组织信念、策略、行为方式以及陈规陋习并非胆小懦弱之辈可为。这也就再次表明经验丰富、技巧娴熟的引导师的重要性。不然的话，经验匮乏的团队可能会选择较容易完成的改善活动，而不是必要的，这种改善活动不会产生组织需要的实质性改善。

在未来状态的设计阶段，引导师的角色发生了变化：从带领大家发现问题转向激励创新精神、减小变革阻力，并协助团队在最能满足价值流客户需求的整体设计上达成一致。引导师必须在以下方面训练有素：识别肢体语言、协助团队走出困境、调和不同意见、挑战陈规陋习、解读团队成员尚生疏的新的设计理念等。

未来状态图设计一经完成，我们建议再次召开情况发布会，邀请相关领导者和主要的利益相关方参加，以揭示团队未考虑周全的问题，就设计方向、设定改善程度等问题达成一致，以便各位领导者在时间、资源方面做好实施设计的必要准备。这个最终目标驱使我们进入绘制活动的最后阶段：创建改善计划，即第 5 章的主题。

第 5 章

制定改善计划

执行，或者说"实施"，是数十种商业书籍、数百种白皮书，以及处于困境的高管们与自己团队成员进行的数千次对话的焦点。商业书籍的所有作者、商学院的教授以及顾问似乎都有一套理论，通常是一种办法，用来解决执行中的棘手问题。这些办法可以归纳为以下必要的五点：一个精心策划的计划，对计划的共识，执行计划的原则，适时调整计划的意识，只有在绝对必要时才偏离计划的制约。改变计划与偏离计划两者差距甚大，前者是因为有新的数据和新的情况确实需要改变计划，而后者是因为本可避免的因素造成团队的工作重心偏离原计划。

在为期三天的价值流图绘制活动的第三天，主要是制定一个可行的计划，按照计划实施改善，实现设想的未来状态。图 5.1 展示了一种常用的价值流改善计划表⊖。如果组织已经使用了标准化项目管理工具，只要它包括可测量的目标、责任人、时间进度和规范化的工作进度检查方法，并且易于理解和更新即可。

如同未来状态价值流图一样，价值流改善计划是定期更新的活文档。最好

⊖ 下载基于 Excel 的改善计划表，请访问 www.vsmbook.com。

价值流改善计划

价值流	门诊影像		排定的审查日期	
执行发起人	Allen Ward		2012年11月1日	
价值流负责人	Paul Scanner		2012年11月21日	
价值流图引导师	Dave Parks		2012年12月13日	
创建日期	2012年10月18日		2013年1月10日	

未来状态价值流编号	可衡量的目标	建议的措施	实施方法*	责任人	计划实施的时间线 1 2 3 4 5 6 7 8 9 10 11 12	状态
2	转诊质量提高到85%	执行标准转诊流程	KE	Sean Michaels		100%
3,4	排号到预注册之间的前置时间缩短到45分钟	交叉培训并协调工作团队	Proj	Dianne Marie		75%
4	每个病人只检查一次	收集成像副本	KE	Ryan Austin		50%
4	等候区等待时间缩短一半	平衡工作/层级要求	KE	Dianne Marie		50%
6	取消转录步骤的6小时前置时间	利用语音识别技术	Proj	Dave Gerald		50%
7	取消繁复的数据录入工作	自动录入PACS和医疗系统之间传输的数据	Proj	Dave Gerald		25%
5	可视化管理库存；无断供或过期物品	5S管理CT区；看板管理	KE	Michael O'Shea		100%
6	成像前置时间缩短到1小时	价值流转定的放射科医生	Proj	Martha Allen		25%
8	报告交付前置时间缩短到30分钟	增加接收电子报告的医生比例	Proj	Martha Allen		0%
7	图像诊断前置时间缩短到1天	执行可视化标准利指标	JDI	Dave Gerald		100%

协议

执行发起人	价值流负责人	价值流图引导师
签名：	签名：	签名：
日期：	日期：	日期：

*实施方法：JDI(说做就做)，KE(改善周)，或Proj(项目)。

图 5.1　价值流改善计划样表

把价值流改善计划张贴公布于进行改善的工作区域的未来状态价值流图旁边，以便整个团队能够及时跟上进度。当团队看到计划正在系统地进行中，并且随着新发现和新情况而被修正时，就得到了明确的信息，即组织能认真地执行改善，价值流改善是首要任务。当员工认识到行为上的转变，而且在日常工作中遇到的问题和挫折越来越少时，整个员工队伍都会更加积极投入到改善活动中。此外还建议，在领导层开会期间，要定期检查价值流改善计划，以确保改善活动与组织制定的策略密切相关，以引起领导者的关注，进一步明确改善进度、讨论工作的主次顺序和资源的需求情况。整个价值流团队也要定期评价计划，这有助于团队成员看到他们在改善过程中努力工作所取得的进步和贡献。

改善计划的诸要素

在改善计划中建议包括以下内容。

价值流名称、责任方、创建日期

价值流改善样表的上方包括价值流名称；价值流改善流程中主要责任方，包括执行发起人、价值流负责人（如果有的话），还有价值流图引导师；创建改善计划的日期。

排定的审查日期

根据以往经验，提前确定会议日期和参会人员，有利于确保相关部门能定期一起审查改善活动所实现的未来状态的进展情况。要执行一个时间紧迫的改善计划（少于 90 天），建议每周举行一次情况通报会。执行三个月或更长时间的计划时，建议每两到三周举行一次情况通报会。为了促进执行计划，以及在必要时调整计划，每月举行一次通报会是不够的。关于对后勤保障和审查改善计划的会议的建议参见第 6 章。

未来状态价值流图模块序号

列出改善活动将要涉及的流程模块序号。有些团队可能更倾向于给改善爆炸图（活动）编号并列在此处，但是，建议列出流程模块序号，这样更容易把预期改善指标与价值流图中正在改善的部分联系起来。

可衡量的目标

可衡量的目标是与相应措施有关的各项具体目标。如第 4 章中提到的，每个措施都是一个假设：如果进行了某项改善，就会达到预期的结果。可衡量的目标描述了团队期望的结果。团队把定义的目标和实际完成的结果进行对比，可以判断假设是否合理，如果不合理，就要做出适当的调整。

可能的话，还要包括具体流程的各项目标的指标，例如目标的交付周期、输出质量、处理时间或其他任何已经确定的与价值流中的各流程相关的各项指标。如果任何建议的措施会影响到整个价值流的运行绩效，而不仅是单个或多个模块的绩效，那么也应该包括该措施的指标。

建议的措施

本部分列出了未来状态价值流图中要进行的改善活动。要注意，在未来状态价值流图上改善爆炸图中，要列举的是应进行什么改善活动，而非如何实现改善的方法。应该把设计和实施改善的权力交给那些正在使用某种执行方法（细节详见下文）从事须改善工作的人。

在第 2 章简要提到，使用"措施"这一术语代替"解决方案"，是为了创建一种持续改善文化，从改变人们的思维和说话方式做起。"解决方案"一词含有克服了障碍、一劳永逸之意，它低估了我们工作和生活的这个不断变化的世界。实际上，每当对流程或产品进行修改时，就会产生一些意想不到的结果。在实际情况中，需要把所有的想法都当成假设；在全面采纳之前必须测试并评估测试结果。此外，一旦条件发生变化以致造成绩效也随着变化时，就需要调整流程了。可能在几天或几周前还是正确的"解决方案"或许不再适用。"措施"这一术语更准确地反映了遇事应当灵活，而这对于不断适应条件的变化，以及调整心态和行为来说是必需的。这两者都是建立高效持续改善文化的前提条件。改善只是暂时的措施，并非永久的解决方案。

实施方法

确定用于实施改善的方法，可以帮助领导者和制定计划的团队确定完成任务的时间期限以及所需要的资源等。通常把改善分为三类：说做就做、改善周以及更加复杂的项目。

说做就做

这指的是那些可以迅速完成（在 1 天或 1 天以内）的改善活动，其风险较低，而且不需要大范围、跨部门参与或者深入研究，所以可以说做就做（JDI）。例如，在改善过程中，悬挂明确标识、搬动设备、中止审核和批准程序（一旦达成共识），以及其他简单的改善活动。诸如此类的改善是在进行小PDSA 的简单试验，其范围小、风险低、易于检验，可直观地看到效果。

改善周

一些改善活动采用为期 2~5 天的改善周（KE）⊖形式，其效率最高、效果

⊖ 一些组织把改善周称为快速改善活动（RIE）、改善闪电战或改善训练。如果不了解改善周，可以参考我们的书——《改善周策划》。

最佳。在很多情况下，组织可以将两个或多个密切相关的改善活动合并成一个改善周。良好执行的改善周是在整个组织中推广 PDSA 思维方式极为有效的方法，会取得立竿见影的结果。然而，为了取得成功，确实需要慎重规划和仔细审核各项改善内容。工作流程的重新设计，以及标准作业的策划与实施，是办公场所和服务业改善周中常见的内容。

项目

对于那些列入未来状态价值流程图中、在改善周体系中不能完成的、复杂的改善活动，建议采用更加传统的项目（Proj）体系。例如需要大量数据分析、资本密集型，或者涉及技术革新，抑或是可能会影响到外部客户或供应商的改善等。为了避免拖延进度，这些项目应该由熟练的项目领导人严格管理。针对一些活动，为了促使跨部门的团队制定更加详细的执行计划，团队首先需要参加一次有组织的改善周，可称为"快速策划活动"（RPE）的活动。对于复杂和/或涉及面广的改善项目来说，这个起步十分有用。

关于"日常改善"的注释

一些读者也许想知道日常改善（也有其他一些名称，如"快速简便的改善""套路""日常精益思想"和"日常持续改善"等）在哪些方面与价值流改善一致。我们认为日常改善是一种必要的组织行为，它使改善计划能够连续渐进地实施，但是，通常不会把日常改善活动包括在价值流改善计划中。我们把计划的重点放在那些实现未来状态图所需要的、资源密集的、规模更大的改善活动上，而且必须在计划的周期内严格管理这些活动。记住，即使已经实现了未来状态，你也并没有做完改善。第 6 章会讨论维持和持续改善价值流。

项目责任人

项目责任人是指最终确保每一个措施都要经过合理策划、设计、检验、必要的调整、完成和巩固阶段的那个人。为了保持最大的连续性，建议价值流图绘制团队成员担任各项目责任人，因为他们一同参与制定了未来状态图和改善计划，非常了解每个措施要解决的问题。责任人不必亲自做与具体措施相关的所有工作，但一定要精心安排实施计划、监督进度，以及在改善计划的审查过程中提供最新的资料与信息。

计划实施的时间线

我们发现，若能利用一种简单的可视化手段，通知大家每一项改善开始实施和结束的时间，对于达成共识、沟通预期的目标和出现的各种变化、分配资源，以及了解进度来说，是一种非常有效的方法。其中，可以使用箭头、各种彩色元素或符号来计划实施的时间线。可用柱状图表示为期三个月的计划中的 12 周，或者为期一年的计划中的 12 个月。

状态

要定期更新各种变化的状态，至少在每个计划审查会议之后更新信息。如果计划的实施进度能高度可视化（如用梯度表示进度），人们会更易了解进度和延期的信息。

协议

组织可以采用协议的方式来正式确定对改善的承诺。当然，签名也只是"签名"而已，真正的承诺体现在，接下来在改善计划的实施过程中，以及在需要修改计划时，相关的领导者都能够高度参与到价值流图的数个月的绘制工作中。

末次简报会

在创建改善计划之后，团队应该举办末次简报会，以便在今后工作中得到相关领导者的支持。可以利用这个机会，坦诚地讨论进度安排以及合理执行计划所需要的资源，确认团队制定的改善计划能否被组织接受，重新调整各项工作主次顺序（如果有关联的话），以及指出可能影响成功的障碍。能完成项目并取得各项成果会令人振奋，但也要明白在计划实施过程中可能出现的状况。谨防负责人在谈判时提出短于团队计划的时间表。由于大多数负责人已经长期脱离具体业务岗位，因而他们并不了解实施深思熟虑的改善计划所需要的时间。（建议领导们定期走访工作现场，这样他们才能具体掌握实际情况，直接看到问题。）

根据经验，在简报会上，改善计划很少会得到相关领导者的一致同意和定案。通常，领导们要相互沟通之后，才会完全同意计划。但我们仍建议争取在一周内得到领导批准。在结束价值流图绘制活动与开始实施计划之前的这段时间，越是拖延，就越有可能推迟实现未来状态的目标。

在第三次简报会结束时，价值流图绘制活动正式完成，获得了三个成果：目前状态图、未来状态图和改善计划。团队成员努力工作，值得赞扬。这三天既紧张又令人振奋。

管理改善计划

就整个改善计划的权属而言，建议只选定一个责任方。通常这个人是价值流的负责人，因为他位居高层，能够推动改善，而且要比执行发起人更接近那些运用具体方法完成任务的员工。计划的负责人通常主持状态会议；一旦出现困难，则要协调解决；要支持那些为实现未来目标而奋斗的员工；并且要定期向执行发起人、高级领导层成员或战略开发计划负责人提供最新的信息。

再次重申：根据经验，审查计划会议是价值流改善取得成功的关键因素。通过讨论会减少注意力分散的风险，有助于围绕实施和问责制形成强大的组织习惯。尽管我们建议会议由价值流负责人（或同类角色）主持，但至关重要的是，执行发起人要尽量多参加审查会议、定期到工作现场监控实施，充分参与整个改善活动。随着各种问题的出现，执行发起人也可能需要与同行们合作，致力于解决影响实施成功的政策、资源和行政工作。我们发现，最终的结果和执行发起人的参与程度有直接关系。这是价值流改善活动中许多组织踌躇不前的阶段。正如在前面提到的，创建价值流图是为了改善，如果没有实施，就没有改善。

第 6 章将讨论推动实施的方法，如何顺利把想法转化为结果，所以第 6 章是理论联系实际的章节。

第6章

实现与维持改善

或许人们体会过，实施与维持改善通常是改善过程中最艰难的阶段，因为实施与维持改善所要求的是一系列不同于制定改善计划的组织行为。创建当前和未来状态图需要清晰度和创新性，而顺利实施和维持改善需要专注和纪律。遗憾的是，有很多组织设计的美好的未来状态图最终被尘封。

有许多这样的例子，由于组织没有为成功奠定牢固的基础，从而导致失败。例如，如果没有合理地把价值流改善与业务需求、组织目标和当务之急联系起来，或者如果负责监督创建价值流图的职能部门领导者没有全力支持活动，那么价值流图极有可能变成"壁纸"而已。

同样，如果价值流图绘制团队成员中不包括所有主要职能部门的代表，也就是说，团队由无决策权的成员构成，那么在创建未来状态图和制定改善计划之后，必须有一个价值流图绘制后的推广阶段，以获得要改善的领域的领导者的支持。在这个阶段，改善计划常常夭折，因为要获得领导者对未来状态图和改善计划的支持，团队成员必须反复讲述他们花费了三天时间，一起发现问题、分析问题和创新思维的故事。

由于三天里进行了密集的交流研讨，因而非团队成员很难迅速、深入地理解怎样才能从当前状态转换到未来状态。在这些情况下，团队成员发觉他们必须为未来状态图游说。这项额外的推广活动耗费时间，令团队成员沮丧，而且如果团队成员缺乏有效的推广技巧和强大的影响力，终将徒劳无功。因此要强调价值流图绘制团队一定要吸纳能够影响改善并授权改善的领导者。

往往还会遇到一个问题，在组织实施重要的改善计划之前，组织队伍涣散，而领导者的承诺和组织的专注是取得成功的关键因素。为了有针对性地改善价值流，必须从战略需求出发，而且整个领导层要把它当成组织的当务之急，给予高度重视，并承诺会在改善过程中付出重大的努力。

假如你的组织没有出现上述的任何不利情况，那就太好了！你们正在向成功迈进。但是在改善过程中，仍然有一个关键的步骤，在很大程度上将决定实现改善的难易程度。人们经常忽略了一个重要步骤：在整个价值流活动中，自始至终推广价值流图和改善计划。

社交分享推广价值流图和改善计划

回顾一下，在制定改善计划阶段，为了获得更多的理解和支持，以减少改善的阻力，团队要向各方推广价值流图。人们需要了解改善的必要性，以及改善将对他们产生哪些影响。在开展改善活动之后，第二轮推广是取得成功的更关键因素。例如，向所有的相关部门介绍当前状态图，可以帮助人们初步了解改善工作如何进行，以及会遇到哪些困难。当人们了解到当前状态的真相，尤其是关于当前状态的指标时，便难以拒绝未来状态图。一旦一个组织对未来状态图和绩效目标达成共识，而不是对具体改善的原因缺乏了解，那么改善的速度更快，组织的担忧更少。

怎样最有效地社交分享推广价值流图和改善计划？要避免流于以下形式：简单地发送价值流图和改善计划的电子版，或者直接将其张贴公布。必须进行详细介绍、解释，让大家提问题。这不仅是减少改善阻力的必要步骤，也为整个组织提供了重要的学习机会。向组织的 DNA 中输入全局观念和行为需要耐心和行动。具体的做法有很多。为了使各方能迅速了解价值流图和改善计划，一定要倾尽全力、想方设法、注重效果。

研究发现，借鉴医学教育，有一种在组织中开展研究活动的行之有效的方法：会诊。每周或每月的会诊（例会）为临床工作人员提供了学习用新方法解决问题的场所。医生向同行、医学院学生、住院医师和临床工作人员介绍临床问题和针对具体患者采用的有效治疗方法，即临床 PDSA 循环。他们通常在轻松的气氛中讨论治疗过程（当患者被治愈时），同时也坦率地讨论那些治疗未见成效的病例。

采用这种模式，我们在有效解决问题、精益原则的实际应用、管理实践和具体的改善工具方面已经卓有成效。领导者、管理人员，甚至一线员工参加的这些例会也可以有效地灌输整体观念，减少对改善的阻力。⊖例会议程遵循 PDSA 循环的案例研究形式。如果组织熟悉 A3 管理方法（见第 1 章），建议价值流图绘制团队成员使用 A3 方法来介绍经验。

例会最适合在组织范围内进行交流学习，但是例会不能替代价值流活动中的简报会，以及相关领导和参与改善的成员对计划进度的检查工作。可以把多个例会当作价值流的一项正在改善的活动，即假设它是一个短期计划，等到第一轮改善完成后，可按照新规范开展价值流活动。

如果采用多次例会的方法，可以在宏观 PDSA 循环的"计划"阶段举行一次，总结本阶段进行的活动和调查结果（问题、背景、当前状态的调查结果、确定的根本原因、未来状态设计、改善计划），并在"实施""研究"和"调整"阶段举行一到两次例会来分享经验。再次强调，在为期三个阶段的价值流活动中，要实时决策，达成共识，例会不可取代中期的简报会。

⊖　在团队工作成员分散的组织中，可以开展虚拟的改善研讨会。然而，就像在任何虚拟环境中一样，研讨效果与参与者对内容的关注程度以及不受电子邮件、短信等干扰有直接的关系。

无论是否决定让整个组织参与价值流图绘制活动并参与改善，至少必须向参与改善活动的所有领导者（从管理者到最高领导者）介绍未来状态图和改善计划，因为这些人负责与改善活动有直接或间接关系的职能部门和辅助部门。本着尊重他人的态度，也必须让那些参与部分改善活动或将受到改善活动影响的员工了解价值流活动和改善计划，这样做也有利于实施改善计划。

在此重申：分享价值流图和改善计划必须是研讨的一项内容，不能仅以发送电子邮件附件的方式进行交流。讨论交流的机会难得，不仅会减少改善的阻力，而且会促进那些从事具体工作的员工了解改善计划，有利于计划的实施。

实施改善

当然，创建价值流图主要是为了是改善价值流。创建当前状态图仅仅是一种手段，是为了更加深入地了解目前的工作流程、发现问题和寻求改善的机会，以及建立一条清晰的、引导改善的基本路线。未来状态图是构建改善价值流的蓝图，它提供了宏观的视角，让人们看到未来的工作流程。正如聘请建筑师设计新房的图纸却又不决定建房是在浪费金钱一样，如果没有真正改善价值流，那么创建价值流图就是徒劳无功的。

制定的改善计划要接受实践检验，要把它付诸行动、取得成果，以实现未来状态。尽管计划很好，意义重大，目标明确，能促使完成改善，但要注意，一旦计划出错，就不要故步自封。要牢记，每个措施都是一个假设（用 X 可以求出 Y），而这个假设需要是合理的和可执行的，如不合理，就要进行修改或被淘汰。

当开始实施改善时，会发现可能需要调整原始计划。毕竟，每项改善活动都会出现一个新的调整点，可能需要改变随后的活动。可能会发现，一些改善活动会产生一些意外结果，这些结果有好有坏，出乎价值流团队预料。此外，由于业务具有易变性，可能需要调整，以适应变化。

如果坚持计划是因为它是计划，却忽视了在改善过程中需要调整计划的迹象，就严重违背了科学解决问题的方法。也就是说，组织常常由于缺乏专注力和没有坚持精心设计的计划而自责，而没有认识到固执地坚持一个应该调整的计划是不对的。优秀的组织借鉴了法律，有执行计划的严格纪律，除非有"大量的证据"表明计划需要修改。

可以把改善计划看作是一台 GPS 设备：它规划了初始方向，但是如果遇到道路施工、转错弯，或者决定选择一条稍微不同的路线，就要重新规划线路。也可以把价值流改善看作是从事一项体育运动，成功的运动员和团队会根据得分、处罚和其他变化情况做出实时调整。

在开始执行改善计划时，就进入到了宏观 PDSA 循环的"实施"期，也进入到了许多嵌套的微观 PDSA 循环初期（图 6.1）。可以利用微观 PDSA 循环制定具体的改善计划（建立假设），做小试验，研究试验结果，并在最终推广之前根据需要进行调整。如有可能，建议进行试点研究（选择整体中的一个具体子集，例如一个具体的地理区域、部门、客户群体或产品），这样就可以在把改善推广到整个组织的利益相关部门之前，首先对其进行测试、评估和修改，而不至于用不完善的改善影响整个组织。试点研究就是做试验，而精心策划的试验是强健又持续的改善的基础。

图 6.1　嵌套的 PDSA 循环

一定要遵循科学的流程，从而确保每个参与改善的成员都有批判性思维，同时不要急于求成，摆脱为了按期交差而草率行动这一陋习。

审查改善计划

正如在第 5 章所学到的，应该在价值流改善计划中安排日期，由指定的小组审查计划，以便评估改善的进度和流程是否符合需要。为了避免干扰，要正视妨碍成功的实际困难，必要时要提供合适的场所来调整计划，所以在排定的日期检查进度极其重要。同样，那些监督改善计划的团队成员还应坦率地讨论改善进度、存在的困难以及需要采取的纠正措施。在检查进度时，若有授权，应当根据变化情况修订改善计划。而计划一旦修订，则需再度推广，使所有的利益相关部门步调一致。

在措施落实到位并取得了积极的成果时，就要对其进行评估，判断是否适合将任何一个措施扩展应用到不同领域的类似流程中，或者应用到比改善活动涉及的更广泛的一系列条件下。要利用团队积累的经验，并尽量广泛宣传组织掌握的知识和取得的成果。

经常会有人问，哪些人应该参加改善计划的审查会议，以及会议应该包括哪些议程。在大多数情况下，有执行发起人、价值流负责人以及各项改善活动的主要责任人参加会议即可。而会议的目的是评估进度，确保各方都使用稳健的 PDSA 循环方法实施改善，解决问题，根据需求调整工作的主次顺序，并且审视可能引起调整计划的新信息和新情况。

同其他会议一样，为了使会议尽量简短而有效，建议提前准备正式的会议议程，并收集好相关的背景信息以备讨论。在许多情况下，在工作现场审查改善计划最有效，因为这能让团队有机会看到其工作的实际结果，并进一步表明团队对改善的承诺。

除了地点，这些会议的内容视情况而定，但是通常包括以下主题。

（1）具体问题明细

- 采取过哪些措施？有何进展？

- 是否需要调整或者取消一些措施？如果是，为什么？谁参与了决策？

- 是否确定或采纳新措施？如果是，为什么？谁参与了决策？当时情况如何？

- 在改善计划的执行过程中，是否出现了新情况从而引起计划的调整？（确保这些新情况是合理的，而不只是因为习惯性的缺乏专注和优先顺序的变化而产生的。）

- 各项指标是否合理？可衡量的目标的条件是否实现？如果没有，为什么？是否可以做进一步调整？

- 如果计划没有按期完成，需要怎样做才能恢复正常？

- 这些改善措施是否需要重新排序或者调整启动时间？

- 是否出现了意外的结果？如果有，是怎样处理的？

（2）企业文化和领导层问题

- 改善计划的项目责任人是否有（或者同意他支配）足够的时间关注他们所负责的改善任务？

- 项目参与者是否遇到他人的阻力？如果是，他们能否有效地排除阻力？（通过学习达成共识，而不是简单回应"这就是未来的趋势"。）

- 是否可以获得在实施措施时所需要的各方资源，如财务、技术、专业知识（SME）和领导力？

- 为了实践诺言、排除阻力，还需要领导层给予哪些额外的支持？（考虑是否需要修改策略、调整资源优先次序，以及加强部门内部、部门之间的交流与沟通等。）

这些会议是为了评估改善进度，暴露可能存在的困难，而不是解决具体的问题。如果以这种方式审查，会议就不需要占用大量的时间。另外，建议向那些没有出席会议的原价值流图绘制团队成员，以及与改善计划相关的部门的领导者定期提供状态更新信息，引起他们对改善的关注、讨论他们观察到的问题，以及让他们持续参与改善过程。

维持改善

当询问领导和专家，改善最困难的方面是什么时，他们几乎总是回答："维持"。如果你也是领导或专家，你的观点是什么？如果计划合理，参与的人选合适，能达成共识，严格遵循 PDSA 循环，并有一个强有力的管理系统，就极易维持改善。下面这一点无论怎样强调都不过分：维持改善从合理计划开始，接下来是合理执行和管理。

合理计划包括创建和推广价值流图绘制章程，该章程反映了由合适的团队成员执行范围明确活动的考虑。在价值流绘制过程中，几乎发生的所有事情，要么奠定了维持改善的基础，要么会对改善造成不良影响。这些事情包括，团队对当前状态的了解程度、团队成员在设计未来状态时感到安全（不会被解雇）的程度、整个价值流团队达成共识的程度、改善计划项目的权属和责任制，以及领导的承诺和支持力度。

一旦成功地实现了反复提到的未来状态，必须坚定地做两件事来维持它：（1）正式任命某人监控价值流的绩效以评估其运作状态，当出现问题时，要协调解决问题并引导持续改善，从而提高绩效标准；（2）制定关键的绩效指标，以判断运作是否步入正轨（价值流管理）。

根据经验，在减缓或拖延执行改善或影响进度的问题中，有一个问题是无人明确负责监控整个价值流的运作。如果继续让各部门领导只监管价值流中与自己有关的那部分工作，就难以有效促进价值流的运作。如果人人有责，就无人负责。因而需要专人来监控整个价值流中的活动。

监控价值流的人，通常称为价值流经理，即价值流负责人，他要全权负责在整个价值流活动中连续监控和引导改善。他要监控指标，交流成功经验，在出现问题或者机遇时推动继续改善，在工作发生变化时，对员工进行再培训等。对于大型价值流，建议选拔组织的主管及以上职位的领导担任负责人。对于较小和支持型价值流，可选用经理担任负责人，只要经理有权力和影响力组建跨部门的团队、解决问题并实现与策略紧密相关的改善即可。

有组织经常对必须任命一人监控高度跨部门价值流这一建议避而不谈，对此我们想问：这种态度是否对工作有利？的确，这对于内部高度独立化的组织是新观念。这意味着，有人要管理整个价值流活动，但根据组织机构图却没有权力监管参与价值流活动的所有职能部门。然而，价值流运作良好是奋斗目标吧？企业在保持高水平的财务管理，提供令人满意的工作场所同时，也要为客户提供高价值的服务，这是大多数企业的生存法则。因此，要打破固有的成功模式，去实现组织最高的重要目标。不一定要重新考虑组织结构（如要调整应极其谨慎），但确实需要一个大家都认可的价值流负责人，来"掌控"价值流的运作并有权力去影响它。

在熟练进行持续改善的组织中，有时价值流负责人要负责整个价值流的盈亏。在这种情况下，经常把价值流看成一个业务单元，有自己的核心业务，即在企业中从其他部门借用、租赁或购买共享的服务。这并非必须，但或许你会想体验一下。它需要在组织中做出重大承诺，还必须重新思考组织结构、奖励措施，并实施精益会计原则等。

如果组织并不打算在计划或实践中通过价值流活动来重组机构，那就从实践做起。这时，只需要把价值流负责人或经理当成对价值流绩效负有责任的人，并有权力去协调解决问题、纠正行为并持续改善以提高绩效标准。

持续改善

经常会有人问，应该多久进行一次价值流改善。答案是持续不断。大家知道这对很多组织来说是苛求，但是持续改善是摆脱被动救火的企业文化的唯一途径，因为这种企业文化会阻碍组织在各个层面上实现卓越。

策略部署（在第 1 章提到）和创建价值流图都属于战略性活动，大范围的持续改善实际上才是战术活动。成功取决于明确制定价值流自身的关键绩效指标和其中的所有主要流程，任命价值流负责人和流程责任人，制定价值流改善策略和计划，以及拥有一支熟练的、积极的、被授权进行战术层面改善活动的员工队伍。

另外还建议，对于每一个关键价值流，要尽可能频繁地，至少一年一次，开展价值流层级的改善活动（有领导参与的为期三天的活动）。总之，如果你认真采用价值流管理手段，那么由价值流图绘制团队在 6 个月前创建的未来状态图，自创建之日起一直严格实施，就能够转化为当前状态。现在，应该开始新一轮的宏观 PDSA 循环，去实现设定了更高目标和更高绩效标准的新未来状态图。另一轮的改善将使你能以更低的成本创造更大的价值，占领更大的市场份额，击败竞争对手，为股东创造稳健的回报或在组织内部再投资，并使你成为受欢迎的雇主。

价值流图是一种不幸地被误解和未充分利用的工具，它能够在协调员工、可视化问题、使改善活动优先和提高绩效水平方面发挥更大作用。学会从价值流的角度去观察和管理工作，是给组织的 DNA 灌输新思维方式，并实现更高绩效标准的有效方法。领导团队在价值流绘制活动中形成的习惯做法有：亲历现场，把改善与业务需求、策略部署和年度目标相结合，以各部门共同目标为根基的真正合作，按照规定的时间和质量标准来评估绩效等，都将使组织更上一层楼。

希望本书帮助你找到一个坚实的起点，从全盘考虑工作及坚持采用统一的指标中开始获益。也就是说，针对如何把价值流图和价值流管理水平提高一个层次，本书会增强你的理解力，并为你提供新见解。无论如何，与任何学习一样，实践是精通的手段。开始行动吧！实践，实践，再实践。

附　　录

附录 A　价值流图的图标

图 A.1 所示的图标通常用于办公场所和服务行业的价值流图中。注意所设计的价值流图是用来直观反映当前状态和改善的未来状态的故事板。在创建价值流图反映组织内部的工作流程时，可能要补充使用一些自定义的标准图标。价值流图图标应该直观而明确，让查看图的各方人员都能快速、深刻地理解其含义。使用的任何图标要能最好地反映在价值流活动中，工作和信息的运作方式或者应该运作的方式。

以下是对每个图标的简要说明：

- 外部组织。外部组织是指外部客户、外部供应商，以及承接价值流外包事务的外部第三方。

- 流程块。流程块包含了对价值流的每一个流程简洁而高级的描述（采用动词加名词格式），以及执行该流程的部门名称。

- 数据包。数据包包含流程的具体信息，如 PT、LT、%C&A。它还包括具体流程的详细附加信息，如批量大小或频次、效益百分比和其他流动的障碍。数据包直接置于相应的流程块之下。

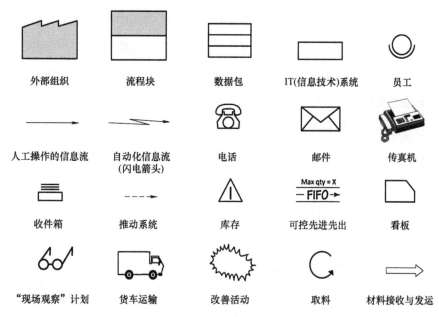

图 A.1　常用价值流图图标

- **IT（信息技术）系统。**所有支持价值流的应用程序或系统的名称都被用此符号描述，一个符号对应一个系统。IT 系统以适当的信息流图标与流程块或其他信息技术系统连接。

- **员工。**员工图标是坐在椅子上的人的示意，用来记录在价值流中执行具体流程的员工数量。员工图标通常放置在它代表的流程块的下方。

- **人工操作的信息流。**直箭头图标表示从人到信息技术系统，以及从信息技术系统到人的信息传送过程。箭头方向指示信息流的方向。

- **自动化信息流。**"闪电"箭头表示在信息技术系统之间，或信息技术系统和人之间的信息自动传送过程。箭头方向指示信息流的方向。

- **电话、邮件、传真机。**这些图标详细说明了信息的传递方式。信封可以表示电子或邮政通信。其他通信图标包括表示口头交流的嘴唇或嘴，表示把信息传送到另一个区域的简笔画，以及表示即时通信、内部联系、保密通信系统等的各种标识。

- 收件箱。收件箱表示在过程中工作，包括价值流中等待执行的工作、正在进行的工作，或已经完成但尚未交付到下游流程的工作。所测算的工作量写在图标下面。有些组织习惯使用如下所述的三角形库存图标。

- 推动系统。推动箭头表示把工作从一个流程传递到下一个流程，此处不考虑下游流程是否做好准备或有能力接收。

- 库存。库存图标表示在每个流程块中排序的实物物品或工作进程。在价值流流程中把测算的库存量写在图标下面。

- 可控先进先出（FIFO）。这是一种拉动系统。该系统在流程建立之前就能排列出最大工作量，以便于管理过度生产及控制生产周期。最大工作数量显示于该图标上方。当达到最大值时，系统就向上游供应流程发出信号，从而停止发送额外的工作，直到队列中的工作量小于允许的最大数量时为止。当队列变满时，通常需要临时重新分配资源，以缓解瓶颈。

- 看板。看板是一种由下游流程授权（通过某种信号）上游流程补充已经消耗的物品（实物库存量、排序的工作等）的拉式系统。

- "现场观察"计划。这是一种以非标准人工监控为特征的反应调度系统。监控的目的是调整工作的优先次序。

- 货车运输。有一系列图标，如货车、汽车、火车、飞机、轮船等，表示实际运输物品的方式。运输的频次通常标注在图标内或下方。

- 改善活动。这些不规则的"爆炸"图标表示了从当前状态实现价值流愿景所需开展的大型改善活动。在改善活动完成后，应该在未来状态图中突出显示、划掉或者删除这些代表活动的图标，以表示改善的实时状态。

- 取料。取料箭头表示下游流程从上游"超市"提取材料或工作的情况。

- 材料接收与发运。空心箭头表示实物材料，如原材料、零件、试剂、成品等的流动情况。

附录 B　门诊影像价值流

　　医院选择改善门诊影像价值流作为新的精益之旅的示范项目。这个价值流被医院选择来首先尝试改善的原因有以下几个：（1）医院正面临来自新的邻近影像中心的竞争，并失去了市场份额；（2）咨询医生一直抱怨接收报告的回转时间过长；（3）该部门近两年的技术人员流动率很高。

　　随着章程的制定，价值流团队需要缩小其范围，因此该团队决定把注意力集中在当前用量最高、利润最高的服务上：CT 扫描。团队活动连续进行了三天，包括以下成员：业务副主裁、影像主管、影像管理者、调度和预先登记主管、接待和患者体验主管、财务主管、一位具有高饱和工作量的咨询医生为办公室主管，以及一位放射科医生。

　　现场走动管理是强大的。没有一个团队成员知道整个价值流是如何运作的，有几个团队成员注意到部门实际安排方式和患者护理区的整体外在问题。与技师的价值流绩效讨论开始给低士气和高离职的问题带来了曙光。该团队还指出了其他问题，如患者等候时间过长、缺货，以及报告转录和批准的延迟。从有利的方面来说，团队对行政人员和临床工作人员与患者的交流方式以及昂贵的资本设备的维护方式留下了深刻的印象。价值流团队中纳入了一位关键客户，他的建议在确定客户价值方面是非常有益的。

　　在第一天结束时，价值流图的当前状态是完整的（图 B.1），团队对未来状态任务是统一和明确的。你会发现滚动%C&A 是各个流程模块的%C&A 的乘积，而总 LT 和总 PT 是流程块 5~11 的单个 LT 和 PT 的总和。团队做出了这样的选择，因为第一个流程块（咨询医生）的质量是患者对医院工作人员满意度和过度返工的关键因素，而在第 1~4 个模块的时间里，没有导致不良的价值流表现。在这种非紧急门诊环境中，患者往往要求预约在方便的时间，而

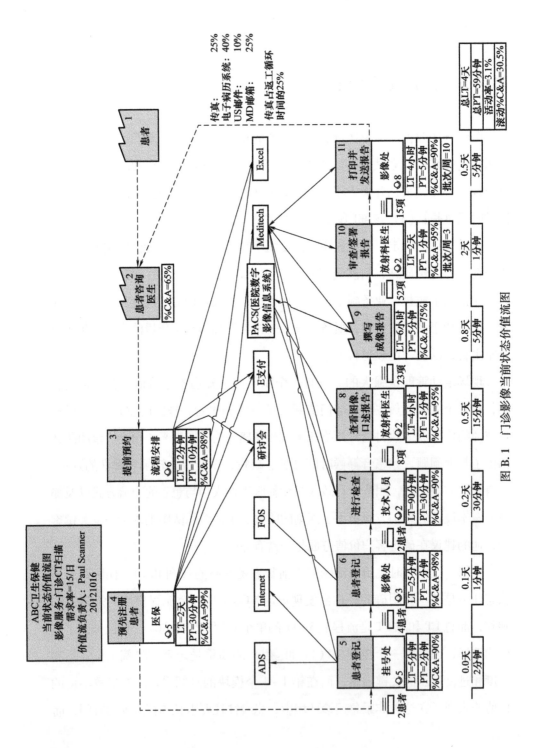

图 B.1　门诊影像当前状态价值流图

不是尽量早地预约。当客户（患者）自己要求延期时，我们不想推迟总的前置时间。对于未来的状态图也是如此。

未来状态价值流设计阶段包括一些"激烈的讨论"（他们经常这样），但一旦团队成员觉得对策会提高价值流并在创造未来状态图（图 B.2）上达成共识，他们就会开始积极改善。表 B.1 显示当前状态和预测的未来状态的汇总指标。除了一个改善措施（使用语音识别技术以消除第三方将口述报告抄写成书面形式的需要）之外，未来的状态图在五个月内完全实现。这些改善是通过一系列 4 个改善活动、2 个项目和一个正在进行的项目来设计、测试、完善和实施的。

当前状态图导致的最大的一个问题是支持价值流的过量和不连续的 IT 系统和应用程序。这一发现使得医院改变了预算，重新调整资本支出优先级，加速形成更全面的企业解决方案。另外一个问题是，咨询医生在多大程度上造成了患者的不满和延误，因为患者到达后有 35% 的时间没有准备好或没有适当的医嘱。第三个最大的问题是，放射科医生在报告审查和批准中的麻烦的 IT 登录问题。在后续的改善活动中，为了设计、测试、优化和实现改善，IT 团队成员在 35 分钟内修复了长达数年的登录问题，使放射科医生兴奋不已，并使总 LT 缩短了一整天。

这一价值流改善工作使得医院和咨询医生之间建立了更强的合作伙伴关系，从而改善了患者体验，减少了影像工作人员的挫折感，提高了咨询医生的满意度。由于士气高涨，医院在价值流改善活动完成后的 12 个月内，没有出现技术人员的离职。

价值流审查部分的改善也使医院在不增加设备或工作人员的情况下，每年收入增加 500000 美元。这是一个重要的成果，但大多数组织没有充分珍惜。技术人员进行一次 CT 扫描的时间减少两分钟，就能使每位技术人员每天多进行一次 CT 扫描，这释放了医院的能力。在每周五天的门诊手术中，这为医院

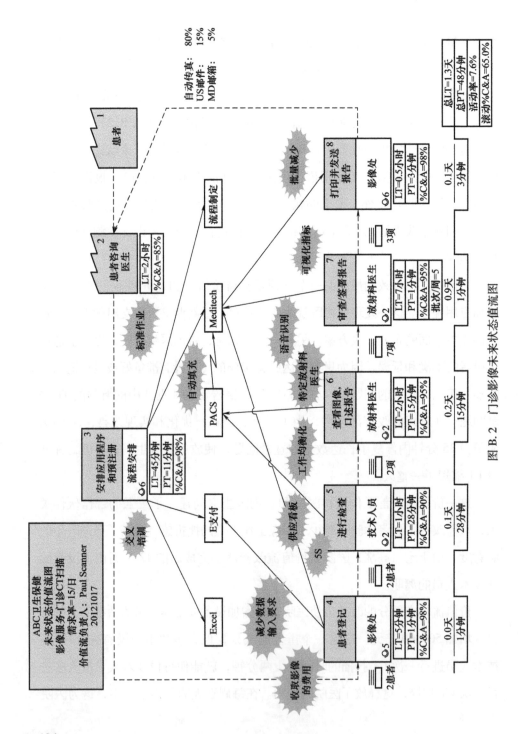

图 B.2 门诊影像未来状态值流图

创造了挣得额外 50 万美元的能力。这是一个很好的例子，说明了看似微小的改善是如何增值的。

表 B.1　门诊影像价值流的性能指标

指标	当前状态	预计未来状态	预期改善百分比
总 LT	4 天	1.3 天	67.5%
总 PT	59 分钟	48 分钟	18.6%
活动比率	3.1%	7.6%	145.2%
滚动%C&A	30.5%	65.0%	113.1%

附录 C　采购价值流

图 C.1、图 C.2 和表 C.1 说明了如何使用价值流图来改善支持价值流。在这个案例中，负责工程设计的领导团队已经收到了员工的很多投诉，抱怨需要很长时间才能收到为外部客户设计复杂电子设备所需的设备和物资。

在与客户的初次会面中，没有选择流程图而是选择了价值流图，是因为它能够更好地可视化传送之间的显著延迟，并有助于在分属不同部门的领导团队成员之间达成一致。试图绘制所有可能的购买类型并不太明智，因此领导团队选择了根据以下条件进行绘制：一次性耗材的采购成本为 5000 美元或更少。

反思到底需要谁来审查和处理采购需求，消除不必要的软件应用程序的使用，改变提交申请到系统中的人员，致力于为特定业务单位的采购确定代理商，使工作标准化，这些做法使团队能够缩短一半交付时间，管理者可以空出时间从事更有意义、更高优先级的任务，并且不会为流程带来重大风险。

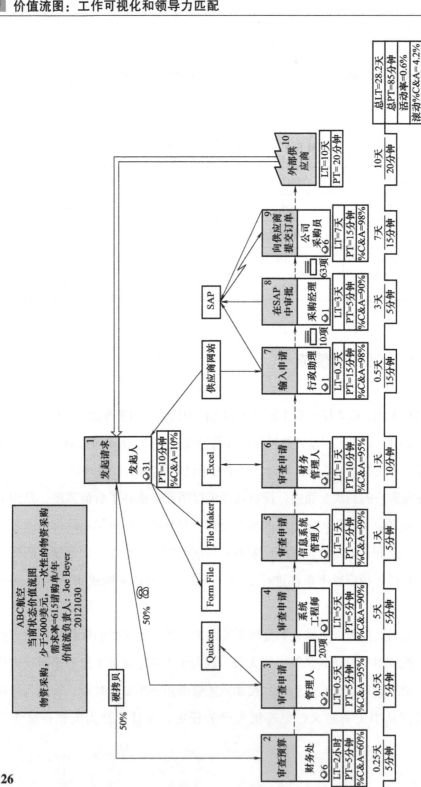

图 C. 1 物资采购的当前状态价值流图

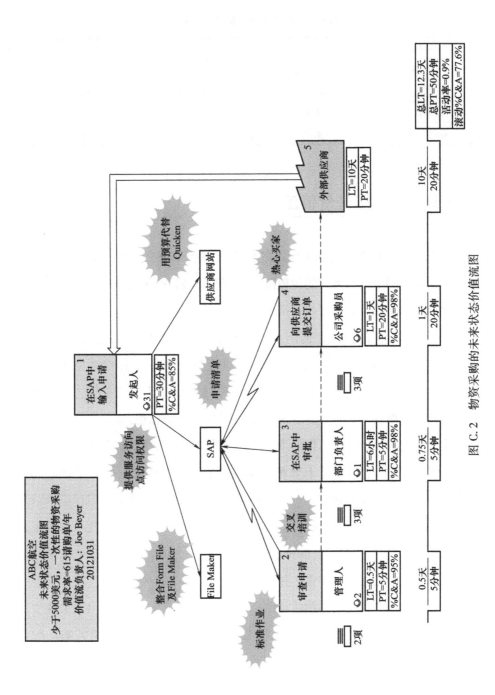

图 C.2　物资采购的未来状态价值流图

表 C.1　物资采购价值流的性能指标

指标	当前状态	预计未来状态	预期改善百分比
总 LT	28.2 天	12.3 天	56.4%
总 PT	85 分钟	50 分钟	41.2%
活动比率	0.6%	0.9%	50.0%
滚动%C&A	4.2%	77.6%	1747.6%

附录 D　维修服务价值流

图 D.1、图 D.2 和表 D.1 所示的价值流图活动是公司范围精益转型的开始。该公司有两个面向客户的价值流：修理和安装，并决定从高利润率、增长快、并涉及员工多的服务开始：维修服务。

围绕这个价值流的改善工作，打破了许多人所认为的传统精益思想。首先，价值流绘制团队决定首先专注于调度（至少短期内），围绕调度相关的问题，应用技术，使流程标准化，有效地获得评估技术人员技能的能力，设计制定职业技能发展计划。许多人认为分权化代表着精益思想，但并不总是如此。在做出分权化的决定之前，你必须考虑完整的情况并考虑目标条件。

未来的状态图也说明了有效增加库存的情况（对比当前和未来状态图中流程块 7 访问零件库的频率）。许多新接触精益的人会自动假设库存应该总是减少，但当它干扰给客户提供价值时，库存不减少。客户的电话几乎都是紧急情况，所以额外花 90 分钟时间来获取所需的零件，或者为特殊订单花费额外的一天，这会侵蚀客户的信任，并会冒市场份额损失的风险。

请注意，未来状态的预测活动比率较低。这个例子表明，由于 PT 减少百分比大于 LT 减少百分比，价值流的绩效似乎有所恶化，但其实并没有。改善正在对 PT 和 LT 有重大改善，这是一件好事！

你可能想知道为什么汇总时间线上的流程块 2 的 LT 为 0.0。这是因为我们

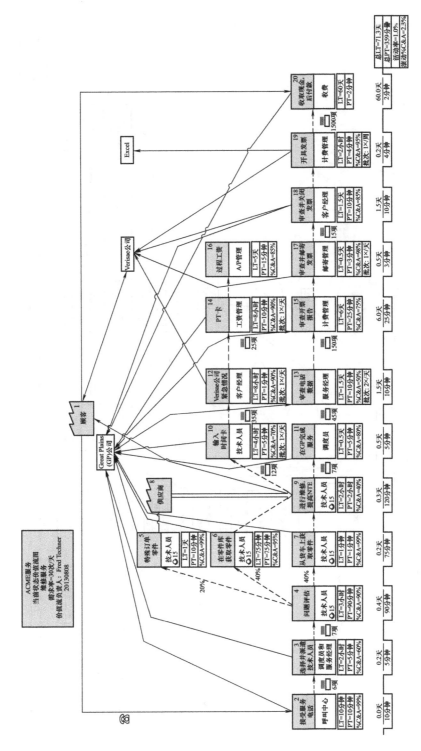

图 D. 1　维修服务的当前状态价值流图

129

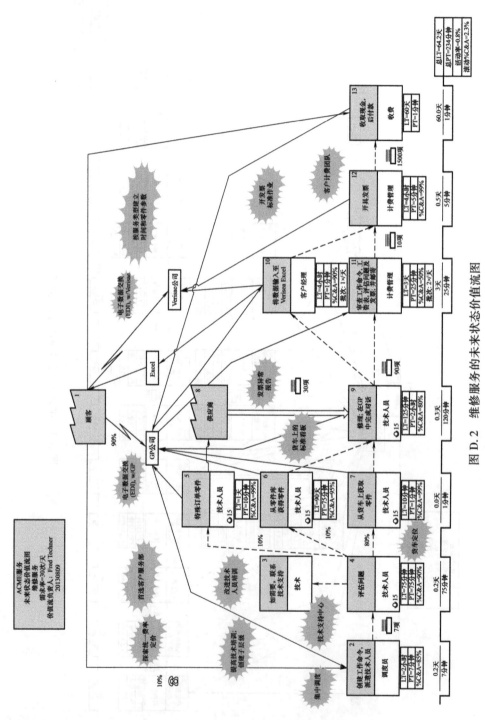

图 D.2　维修服务的未来状态价值流图

选择了天数作为度量单位，并且选择只包含一个小数点，所以圆整后为0.0。

在这次价值流转型活动中有另一个值得注意的因素，反映在表D.1中，即乍一看价值流的LT缩短并不令人印象深刻（10%）。然而请注意，最终流程模块（收费）的LT在当前和未来状态图上均为60天。表D.1中"不包括收费的总LT"的用户定义指标反映了开发票现在发生在7.1天之前的事实，比当前状态快63%，创建了一个显著的现金流改善。这个例子表明，以不同的角度来分割价值流图和查看指标是有帮助的。

实现到这一未来状态花了大约一年时间，这是近年来我们任何一个未来状态周期的最长时期。在这种情况下，首席运营官（COO）和首席执行官（CEO）都既是经验丰富的精益领导者，也要同时培育工作团队，引入支持性的精益实践，发展持续改善的文化。如果您的领导团队经验不足，我们建议缩短价值流程改善周期。

表 D.1　维修服务价值流的性能指标

指标	当前状态	预计未来状态	预期改善百分比
总 LT	71.3 天	64.2 天	10.0%
不包含收费的总 LT	11.3 天	4.2 天	62.8%
总 PT	359 分钟	234 分钟	34.8%
活动比率	1.0%	0.8%	−20.0%
滚动%C&A	2.3%	25.4%	1004.4%

附录 E　支架系统价值流

图E.1、图E.2和表E.1所示的价值流图绘制活动的动力有双重。首先，有家客户想要了解什么是价值流和价值流图绘制。虽然已经进行了好几年的精益之旅，但是这家客户只是尝试了一些战术工具，并希望探索更广泛的精益原

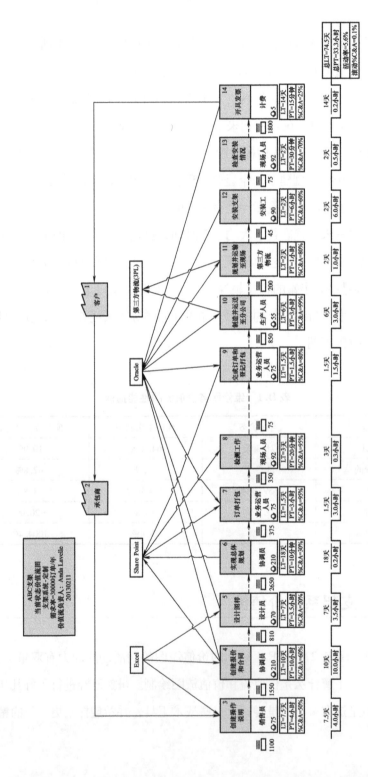

图 E.1　定制支架系统的当前状态价值流图

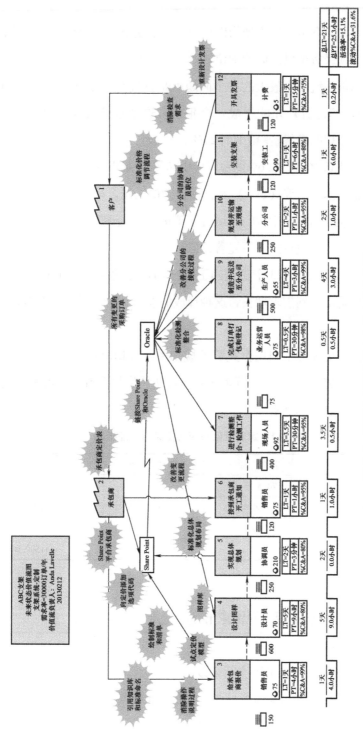

图 E.2　定制支架系统的未来状态价值流图

则和实践。其次，竞争开始表现为以更快速度、更低成本交付更高质量，该组织希望保持其顶级货架供应商的地位。

当前状态价值流图中最大的一个问题就是发现公司平均需要 17.5 个工作日（超过三周的时间！）才能生成一个报价，这个报价时间占总 LT 的 23%，占不包括结算流程的最终检验 LT 的 29%。

请注意，从 0.1% 到 31.6% 的滚动 %C&A 令人难以置信的改善。这恰如其分地反映了服务水平协议（SLA）和标准作业的力量。

此外，它能够消除 8 小时的非增值手工运作（处理时间 PT）。虽然这对于一个大型的价值流来说可能并不显著，但是考虑到规模，这个数量相当于每年 240000 个小时，相当于 123 个员工的工时（FTE）。随着建筑行业开始从衰退中复苏，客户再次遇到需求增长，这种释放的能力减少了增加本来需要的人员的需求。

而且，通过更充分地利用企业资源规划系统（ERP），客户能够不再使用一个应用程序，每年可节省 25 万美元的许可费用。如果组织只依赖过程级图，就可能发现不了这样的问题。

表 E.1　定制货架系统价值流的性能指标

指标	当前状态	预计未来状态	预期改善百分比
总 LT	74.5 天	21 天	71.8%
总 PT	33.3 小时	25.3 小时	24.0%
活动比率	5.6%	15.1%	169.6%
滚动 %C&A	0.1%	31.6%	31500.0%

附录 F　软件开发变更请求价值流

此示例展示了如何使用值流图来改善一个大型价值流的一部分。图 F.1、图 F.2 和表 F.1 所示的价值流图绘制活动是一家软件公司的示范项目，该公司

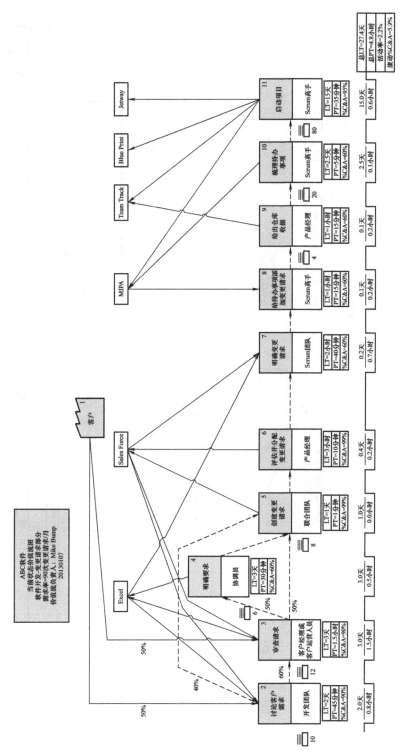

图 F.1　软件开发变更请求的当前状态价值流图

135

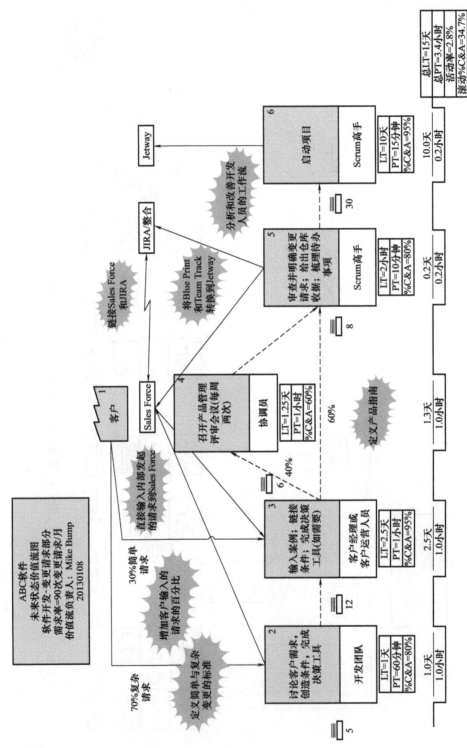

图 F.2　软件开发变更请求的未来状态价值流图

有意扩大其敏捷开发工作，将企业范围的精益管理实践纳入其中。价值流团队包括销售副总裁、客户管理总监、运营总监、销售经理、产品管理总监，以及两位 Scrum 高手。

在为期三天的价值流绘制活动中，团队对软件测试、客户参与和责任的作用进行了无数次讨论，在迭代中取得了适当的平衡，以及"最低限度"的最小可行产品应该是什么样的。另一个理论上的讨论集中于重新定义销售、客户管理和技术团队与客户直接接口的方式和时间。第三个主要的讨论集中在梳理和消除待办事项的做法上。

其中一个最大的发现是，当前状态的组织没有简单的方法来跟踪客户从订单到收货的要求。因此，很难理解客户需求和交付的时间框架。最终，用于跟踪价值流的各个部分的三个应用程序被停用，两个系统被连接起来。现在，该组织将拥有一些基本数据，可以测量绩效和驱动价值流改善。

如表 F.1 所示，未来状态的设计消除了近 30% 的手工工作（PT），并使得公司有在一半时间内交付完成的软件项目的能力，交付质量显著提高，且在构成价值流的功能之间有了更强的关联。

与任何价值流一样，还有更多的工作要做。该公司目前处于稳定状态，将在本书出版后不久开始第二轮价值流改善。

表 F.1　软件开发变更请求价值流的性能指标

指标	当前状态	预计未来状态	预期改善百分比
总 LT	27.4 天	15.0 天	45.3%
总 PT	4.8 小时	3.4 小时	29.2%
活动比率	2.2%	2.8%	27.3%
滚动%C&A	5.9%	34.7%	488.1%

作 者 简 介

　　迈克·奥斯特林（Mike Osterling）是奥斯特林咨询公司的总裁，该公司旨在指导企业进行精益之旅。迈克拥有超过 25 年的管理经验，领导并支持过美国、墨西哥、澳大利亚和欧洲的精益实施工作。他在制造、建筑、工程、医疗保健、制药、政府、军事、石油、天然气生产等行业，领导精益转型方面发挥了关键作用。在从事咨询之前，迈克在施耐德电气设施的精益转型中发挥了重要作用。

　　他是圣地亚哥州立大学精益企业证书课程的创始人，他同时也继续在加州大学圣地亚哥分校教授这一课程。迈克说一口流利的西班牙语，是《改善活动策划者》和《基于指标的流程图》的合著者。他在圣地亚哥州立大学国际商学院获得了 MBA，并在生产和运营管理方面拥有学士学位。迈克和他的妻子以及两个儿子住在加州的圣地亚哥，可以通过 www. mosterling. com 联系。

　　卡伦·马丁（Karen Martin）是卡伦·马丁集团总裁，在过去 25 年里一直在构建、管理和改善运营。作为在非制造业环境中应用精益管理实践的领导者，卡伦和她的团队领导精益转型，并为工业、政府机构和非营利组织提供业务绩效改善支持。

　　卡伦的科学背景（宾夕法尼亚州立大学微生物学学士学位，10 年临床实验室科学家）和继续教育背景（加州州立大学贝克斯菲尔德分校教育硕士学位）使她对组织绩效、改善过程和实现结果具有独特视角。她的诊断技能和迅速解决组织问题的能力得到高度赞扬。

卡伦是新乡重夫研究奖获奖著作《杰出组织》的作者，也是《基于指标的流程图》和《改善活动策划者》的合著者。她在加州大学圣地亚哥分校任教，是圣地亚哥大学工业和系统工程课程的行业顾问。欲了解更多信息，请访问 www.ksmartin.com。

Karen Martin, Mike Osterling

Value Stream Mapping: How to Visualize Work and Align Leadership for Organizational Transformation

978-0-07-182891-8

Copyright © 2014 by Karen Martin and Mike Osterling.

All Rights reserved. No part of this publication may be reproduced or transmitted in any form or by any means, electronic or mechanical, including without limitation photocopying, recording, taping, or any database, information or retrieval system, without the prior written permission of the publisher.

This authorized Chinese translation edition is jointly published by McGraw-Hill Education and China Machine Press. This edition is authorized for sale in the Chinese mainland (excluding Hong Kong SAR, Macao SAR and Taiwan).

Copyright © 2020 by McGraw-Hill Education and China Machine Press.

北京市版权局著作权合同登记　图字：01-2017-2439 号。

图书在版编目（CIP）数据

价值流图：工作可视化和领导力匹配/（美）卡伦·马丁（Karen Martin），（美）迈克·奥斯特林（Mike Osterling）著；曹岩等译. —北京：机械工业出版社，2020.4（2025.3 重印）

（转型升级：管理力丛书）

书名原文：Value Stream Mapping: How to Visualize Work and Align Leadership for Organizational Transformation

ISBN 978-7-111-64899-4

Ⅰ. ①价… Ⅱ. ①卡…②迈…③曹… Ⅲ. ①企业管理–研究 Ⅳ. ①F279.12

中国版本图书馆 CIP 数据核字（2020）第 036574 号

机械工业出版社（北京市百万庄大街22号　邮政编码100037）
策划编辑：李万宇　责任编辑：李万宇
责任校对：樊钟英　封面设计：马精明
责任印制：常天培
固安县铭成印刷有限公司印刷
2025 年 3 月第 1 版第 11 次印刷
169mm×239mm·9.75 印张·1 插页·128 千字
标准书号：ISBN 978-7-111-64899-4
定价：55.00 元

电话服务　　　　　　　　网络服务
客服电话：010-88361066　　机　工　官　网：www.cmpbook.com
　　　　　010-88379833　　机　工　官　博：weibo.com/cmp1952
　　　　　010-68326294　　金　书　网：www.golden-book.com
封底无防伪标均为盗版　　机工教育服务网：www.cmpedu.com